「印象」の心理学

認知バイアスが人の判断をゆがませる

田中知恵

日本実業出版社

はじめに

あなたがこの本を手にとってくださった理由を、次の中から選ぶとしたらどれだろうか。

1. 自分には「人を見抜く力」がないと思うが、なぜそう思うのか知りたい
2. 自分には「人を見抜く力」があると思うので、この本に書かれていることがあてはまらないことを確認したい
3. 「自分の印象」が、自分から見てもさだまらないのはなぜなのか知りたい
4. 「自分のやること」を楽観的に予想しては、よく失敗するのはどうしてなのか知りたい
5. 「相手チーム」よりも自分たちのほうがまさっていると思うが、相手もそう思っているのか知りたい
6. 「相手チーム」をどうも好きになれないのだが、なぜそう感じるのか知りたい
7. 「他者」や「自分」、「集団」に対する印象がどのようにつくられるのか、その心理的メカニズムを知りたい

あなたの考えに近い選択肢があっただろうか（あってほしい）。

これらの選択肢に書かれているのは、わたしたちの「こころの働き」に関することである。とくに、わたしたちが、周りのひとや自分、別のグループのひとたちをどうとらえているのか、そしてなぜそうとらえるのかに関わる事柄が挙げられている。

この本の内容を、たとえば社会心理学の授業のなかでシンプルに説明するのなら、「（さきほどの質問項目の）7について理解してもらうための本」というだろう。ただし、もっと具体的に説明するとしたら、ほかの選択肢で見ていただいたテーマをすべて挙げるだろう。

本書が取り上げるのは、わたしたちが他者と関わり合いを持ちながら生きるなかで、日常的に経験する「どうして？」や「どうなのだろう？」へのアプローチである。


本書は5つのPARTから構成されており、それぞれのPARTでは社会心理学の研究によって明らかになったことに基づいて、「印象」に関わるこころのメカニズムを分析する。

PART1（人はこうして判断している）では、「印象がつくられるプロセス」と、そこで見られやすい「思考のくせ」について紹介する。受け取った情報から何らかの印象がつくられる際には、「直感的判断が行われるとき」と「熟慮されたうえで判断が行われるとき」がある。

このことを知っていただいたうえで、具体的なテーマに進んでいこうと思う。

それ以降のＰＡＲＴは、さきほどの選択肢と関連した内容になっている。たとえば、1や2を選んだ方には、ＰＡＲＴ2（「他者」の印象はどのようにつくられるのか）が参考になるだろう。

3や4を選んだ方には、ＰＡＲＴ3（「自分」の印象はどのようにつくられるのか）が参考になると思う。

そしてＰＡＲＴ4（「集団」の印象はどのようにつくられるのか）は、5や6を選んだ方にとって参考になると思う。

ただし、これらのＰＡＲＴで論じられることは、お互いに関連し合っている。たとえば、「他者の印象がどうつくられるのか」ということは、「自分をどうとらえているのか」ということと切り離して考えることはできない。こうした点についても、それぞれのＰＡＲＴにて解説をする。

最後のＰＡＲＴ5（本当にその「印象」でよいのか）では、「思考のくせ」によってむしろ適切な判断がとられる場合を取り上げ、その意義について考えていく。

本書を読んでいただくことによって、周りのひとやあなた自身、あなたのチーム、そして相手チームを見直すきっかけとなることを願っている。

「印象」の心理学　認知バイアスが人の判断をゆがませる――目次

PART 2 「他者」の印象はどのようにつくられるのか

PART 3 「自分」の印象はどのようにつくられるのか

CHAPTER 7 あなたは「自分」をどう見ていますか……134

PART 5　本当に「その印象」でよいのか

ブックデザイン
杉山健太郎
—
イラスト
山内庸資
—
DTP
藤原政則

PART 1

人は
こうして
判断している

CHAPTER

1 人が判断する際の「認知の枠組み」

その人の印象

最初に、次の文章を読んでもらいたい。

ある日の夜、ある企業の社長室にて。

――今日の仕事は終わったが、まだ大事な用件が残っている。いつも支えてくれている秘書に、いまからプロポーズをするのだ。

秘書は若いが、優しく聡明でとても気がきく。家庭に入ってもよく支えてくれるはずだ。IT業界で起業して20年、大変な競争のなかでここまで会社を大きくしてきた。業績も安定している。プライベートでもそろそろ落ち着いたほうが世間的にもいいだろう。もう遅い時間だが、電話はつながるだろうか。本当は会って話すべきだが、仕方ない。

――よかった。うれしい返事がもらえた。ただ家庭を優先しながら仕事も続けたいということなので、どこか別の部署に異動させないと。立場上、取引先も招いた式を挙げる必要がある。

明日早速、仕事で使っているホテルの営業担当者に相談しよう。さて、どんなドレスを着ようかしら。

ここで問題。社長はどのような人だろうか？　また秘書は？

この問題に対する正解はない。もしかすると、文章を読んでいるうちに、社長や秘書に対するイメージが変わったかもしれない。でも、変わらなくてもよい。たとえば、社長もパートナーとなる秘書も、式ではドレスを着るかもしれない。ほかにもいろいろな可能性はあるが、次のように考えることも可能だ。社長は女性で、秘書は男性。

文章を読んでいるときには、最初は社長を女性とイメージできなかった、という人もいるだろう。けれども考えてみれば、女性がリーダーとして活躍している企業もある。メディアでは、そうした女性のリーダーが取り上げられることも多い。それなのに、なぜ男性社長をイメージしてしまったのだろう。

人には、ものごとを判断するときの**「認知の枠組み」**がある。この枠組みについては、のちほど詳しく説明するが、ときとして「認知の枠組み」を用いて判断することが、わたしたちの認知をある方向に向かわせる場合があり、「思い込み」や「決めつけ」を生じさせる。

社長を男性だと思ったことも、秘書を女性だと思ったことも、こうした「認知の枠組み」で判断したからである。

「印象」はこのように形成される

冒頭の社長に対して男性をイメージしたように、日常生活で出会う人に対しても、わたしたちは何かしらの**「印象」**を持つ。こうした「印象」がどこから生じているのか考えてみよう。なぜ、あの人に対して、そうした「印象」を持つようになったのか。

じつは、その対象にはじめて会ったときに手に入れた些細な情報を手がかりにしていることが多い。

たとえば、Aさんと知り合ったとき、職業や住んでいる場所などの情報から、裕福な暮らしをしているのだろうなあと思ったとする。そう思うと、Aさんが持っているものは上等な品物に見えてくるし、話し方も上品な感じに思えてくる。

ここでも、さきほどの「認知の枠組み」が働いている。Aさんがその職業に就いていたとしても、その場所に住んでいたとしても、裕福とは限らない。職業のような情報は、その人のプロフィールのひとつでしかないのに、手がかりとして働いて、Aさんの「印象」を情報の受け手であるわたしたちにつくり出すのである。

このように、ある情報から対象の「印象」がつくられ、強まっていく過程を**「認知のプロセス」**と呼ぶ。「認知のプロセス」には、いくつかの段階がある。それぞれはお互いに関連し合っているが、理解しやすいように、本書では**情報が「記憶」され「解釈」されて「信念」を強める**、というように分けて見ていくことにする。

先の例でいうと、Aさんのように職業の情報から生じた「印象」に合うものは記憶されやすい。そのため、Aさんの持ち物のうち、高価そうなものとそうでないものとでは、高価そうなものが記憶に残りやすい。これが「記憶」の段階で起こることである。

また、いったんAさんを裕福な人だと思うと、その仮説の方向に一致する証拠を探す。さらに、Aさんの行動や話した内容を、仮説に合うように「解釈」する。そして仮説は確証されて「信念」となっていく。

そのため、もしAさんのことをほかの人に話すときには、確固たる「信念」を持ってAさんの裕福さについて語るだろう。こうして、Aさんに対してあなたが抱いた単なる「印象」は、事実であるかのように拡散していく。

このような「他者」に対する個人内過程（わたしたちの認知）や個人間過程（コミュニケーションを通じた影響）については、PART2で詳しく説明する。

判断の対象となるのは他者ばかりではない。「自分自身」についても、わたしたちは「○○な人」といったイメージを持っている。人から何かいわれたとき、自分のイメージに合う内容であれば受け入れるが、そうでない内容だと受けつけない。

自分を「内気な人」だと思っていると、人と関わる機会の少なそうな職業を選択するかもしれない。たとえ友人が「あなたは販売とか営業とかに向いていると思うよ」と伝えてきても、自分には無理だとすぐに思う。

もしかすると、自分よりもほかの人のほうが、わたしのことをよくわかっているかもしれないのに、頑固なわたしたちは、ここでも「信念」に固執する。

また、わたしたちは、人からこう見てもらいたい「○○な人」という理想のイメージも自分に対して持っている。そう見られたいために、いろいろな方法をとる。反対に、見せたくない自分もあるのに、それを人に見抜かれていると思うこともある。こうした「自分」の印象に関わることについてはＰＡＲＴ３で紹介する。

さきほど、「他者」に対する印象について触れたが、他者の集まりである「集団」の印象についてはＰＡＲＴ４で説明する。

「○○な人たち」について、わたしたちが特定の「印象」を持つようになる過程と、その

「印象」が維持されていく過程、じつはそれらにはわたしたちが持つ、ある動機が働いている。さらに、そうした「印象」は、ほかの人とのコミュニケーションを通じて強められていくのだが、この点に関してものちほど紹介する。

人は情報を処理する過程で「スキーマ」を用いる

ここまで「印象」の対象として「他者」「自分」「集団」を取り上げることを述べた。これらの印象に関わる過程に共通するのは、「認知の枠組み」の働きであり、心理学ではこの枠組みのことを**「スキーマ」**と呼ぶ。「スキーマ」は、対象に関する知識構造のことである。

記憶の中には、いろいろな対象の「スキーマ」が貯蔵されており、人は外からの情報を処理する過程で、この「スキーマ」を用いている。

たとえば、誰かに道をたずねたとして「次の角を右に曲がる」と教えてもらった通りに進めるのは、わたしたちが角や右、曲がるということに対して知識を持っていて、それを記憶しているからである。

さて、ここで次の文章を読んでいただきたい。

その手順はとてもシンプルだ。まず、ものをその性質によっていくつかのグループに分ける。もちろん、その量によってはひとつのグループでも十分かもしれない。もし設備がなくてほかのところへ行く必要があれば、それが次のステップとなる。そうでなければこれで準備は完了。いっぺんにたくさんやらないことが重要である。つまり、多すぎるよりも少なすぎるほうがよい。目先のことだけ考えると、これは大切なことではないように思われるかもしれないけれども、多すぎるとすぐに面倒なことが起こるし、間違いは高くつく。最初は手順全体が複雑に思われるが、すぐに生活の一部になる。近い将来、この作業が必要でなくなるのかはわからないし、そう断言することもできない。この手順が終わったら、また、ものをいくつかのグループに分ける。そしてそれらを適切な場所に置く。それらは使われて、また手順全体が繰り返される。それでも、これは生活の一部である。

(Bransford & Johnson, 1972 p. 722)

この文章が何について書かれたものかわかるだろうか。答えは「衣類の洗濯」である。

スキーマのひとつに**「スクリプト」**というものがある。「スクリプト」とは、ある状況での行動の手順や生じる事象の流れに関する知識のことだ。

この文章は洗濯の「スクリプト」を持つ人には理解しやすい。もし最初に読んだときにはわからなくても、「洗濯」といわれれば、なるほど、と思っただろう。

「スクリプト」は、さまざまな対象に対して持たれている。たとえば、バスに乗る「スクリプト」であれば「バス停で待つ。来たバスの行き先をたしかめて乗る。降りる場所の手前でブザーを押す」といったものだ。

こうした「スクリプト」を持っているので、ふだんとは違う場所でバスに乗る必要が出ても、わたしたちはそれほど不安にならない。だから、海外旅行先でもバスに乗る。そして停車ブザーが見つからなくて、あわてることもある（ブザーを押す代わりにヒモを引っ張るのだった！）。

そのようなケースもときにはあるけれども、スキーマやスクリプトは「認知の枠組み」として働き、情報に対する理解を可能にして、そのときの状況に合ったふるまいをわたしたちにとらせている。

表1. 社会的スキーマの種類

人スキーマ	他者の特徴や目標に焦点を当てたその人に対する理解を含む知識
自己スキーマ	自己概念の明瞭な特徴に関する知識
役割スキーマ	特定の社会的地位や役割に期待される行動の知識
出来事スキーマ（スクリプト）	特定の状況における出来事の順序や手続きの知識
情報的内容を持たないスキーマ	要素間のつながりや順番などを処理する際のルールに関する知識

Fiske & Taylor (1991)より作成

社会的事象や人間に関わるスキーマは**「社会的スキーマ」**と呼ばれ、**「人スキーマ」「役割スキーマ」「出来事スキーマ（スクリプト）」「自己スキーマ」**に区分される。ここに、「ルールの働きをするスキーマ（内容のないスキーマ）」も加えられることもある（Fiske & Taylor, 1991）。表1にその種類と特徴を示す。

人が判断するときの「直感」と「熟慮」

それでは、こうした「認知の枠組み」を、わたしたちはどのようにして持つのだろうか。枠組みの中には、おそらく生得的に人に備わっているものもある。「表情認識」に関する研究では、喜びなどの感情は、人間に共通した普遍的な感情と考えられている（Ekman, 1992）。笑顔は喜びに対応した身体的反応であるが、「目じりが下がって口角が上がった表情」を笑顔と認識する枠組みは生得的なものだろう。

他方、学習や経験を通じて人が手に入れるスキーマもある。例に挙げた「曲がり角」や「右方向」などに関するスキーマはこちらである。

考えてみると、とても多くのスキーマをわたしたちは手に入れていることに気づくだろう。さきほども述べたように、日常生活においてはこのスキーマの働きによってすばやい処理や判断が可能になっている。

表1で見たように、わたしたちはこのスキーマを物や事柄だけでなく、「他者」「自己」「集団」に対しても持っている。

だから「社長」と聞くと、ぱっと浮かんだ特定のイメージにそってその人について判断する。このスキーマを使った直感的判断の過程を、**「自動的過程」**という。

「自動的過程」の特徴は、「意識されないこと（unconscious）」「意図されないこと（unintentional）」「統制できないこと（uncontrollable）」「認知的努力を必要としないこと（effortless）」である（Bargh, 1989）。これらの特徴のうち、ひとつでもあてはまっていれば、「自動的過程」とされている。

「自動的過程」のような直感的な判断に対して、熟慮をともなうような判断過程を**「統制的過程」**という。

「自動的過程」と「統制的過程」という2種類の過程、もしくは「システム1」と「システム2」のようにほかの呼び方をされることもあるが、こうした2過程があるとする理論は、総称して**「二重過程理論」**と呼ばれる。

「二重過程理論」には、2過程がそれぞれ別の機能を持つことに関するものもあるし、2過程が別の処理手順を持つことに関するものもある。次では、それらについて説明しよう。

印象を持つときの「自動的過程」と「統制的過程」 ―機能のモデル―

わたしたちが他者に対する「印象」を持つ際にも、「自動的過程」と「統制的過程」がある。このような「二重過程理論」に基づくモデルのうち、それぞれの過程が別々の機能を持つと主張するモデルをふたつ取り上げる。

ひとつは、印象形成の**「2過程モデル」**（ふたつの過程の間に境界線を想定したモデル）、もうひとつは印象形成の**「連続体モデル」**（「自動的過程」から「統制的過程」に徐々に進むことを想定したモデル）である。

印象形成の「2過程モデル」

印象形成の「2過程モデル」（図1）によると、わたしたちはまず他者をその属性によって自動的にどのような人なのか判断するという。次に、図1で示されるパスについて説明していこう。

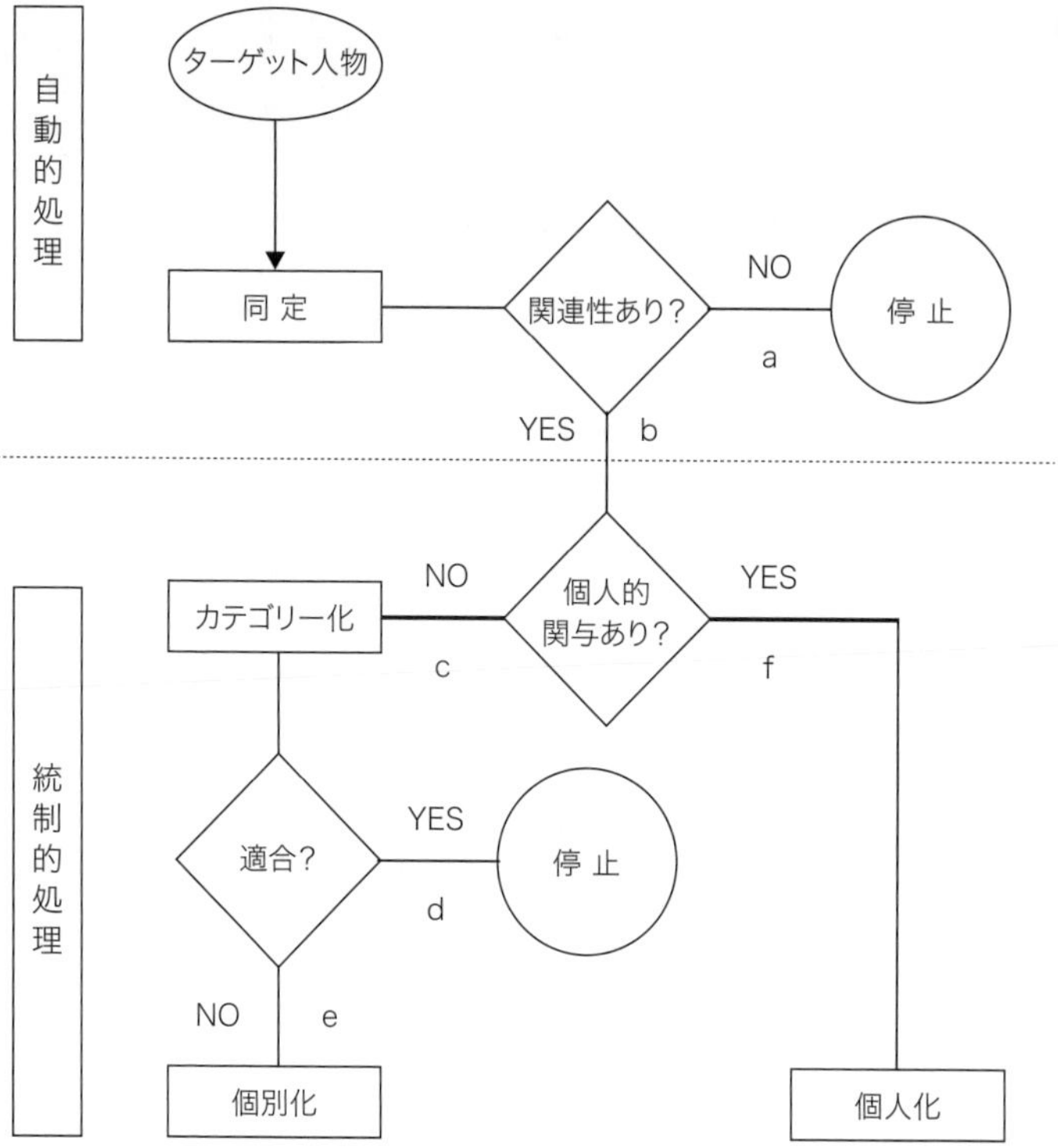

Brewer (1988) より作成

図1. 印象形成の「2過程モデル」

たとえば、ある人を見て、「日本人だ」と思う（同定）。「同定」とは、対象が何であるのかとらえることだ。この場合、ターゲット人物を「日本人」としてとらえた、というのがこれにあたる。

その際、もしその人が自分の目標に関連していないと思えば、そこで処理を止める（停止）。電車に乗っているとき、たまたま近くにいた人、といった場合には、それ以上相手のことを考えない。図1のaがこれであり、「自動的処理」の過程である。

けれども、その人が自分の目標に関連している場合（関連性あり）、相手に対して「統制的過程」による判断が行われる。

あなたが、今日はじめて取引先企業であるA社のオフィスに行くとしよう。A社の社員はあなたの目標に関連している。そのため、図1のbを通って「統制的処理」の過程へと進む。ただ、相手がA社の社員であっても、たとえばロビーの受付スタッフである場合のように、その人への関与が低ければ（個人的関与なし）、イメージでその相手を判断する（カテゴリー化）。図1のcである。

受付スタッフに対するあなたのイメージが、「カウンターにいて、来訪者に笑顔を向ける人」というものだとしよう。実際、ロビーでカウンターの向こうからその人が笑顔を向けてくれていたら、相手を受付スタッフだと思う。イメージと合っているため（適合）、相手に対する処理は終わる（停止）。図1のdである。

しかし、もしその人がイメージとは異なっていたとする（カウンターにはいるけれども、あなたに険しい目を向けた）。図1のeである。この場合、相手を「怖い受付スタッフ」と思うかもしれない（個別化）。

別の相手についても検討してみよう。もう一度、図1のbに戻って、A社のロビーで待っているところを想像してほしい。

取引先の担当者があなたのところにやって来た。その担当者は、大事な商談相手である（個人的関与あり）。図1のfがこれに対応しており、相手がどのような人か、あなたはその人の特徴を注意深く処理するだろう（個人化）。

印象形成の「連続体モデル」

図1で説明した印象形成の「2過程モデル」では、「自動的過程」と「統制的過程」には分岐点があると考えている。「ターゲットに対する関連性」がなければ、「自動的過程」のまま処理が停止するし、関連性があれば「統制的処理」に進む。つまり、**関連性の有無**が境界線となってふたつの過程を分けるというのだ。

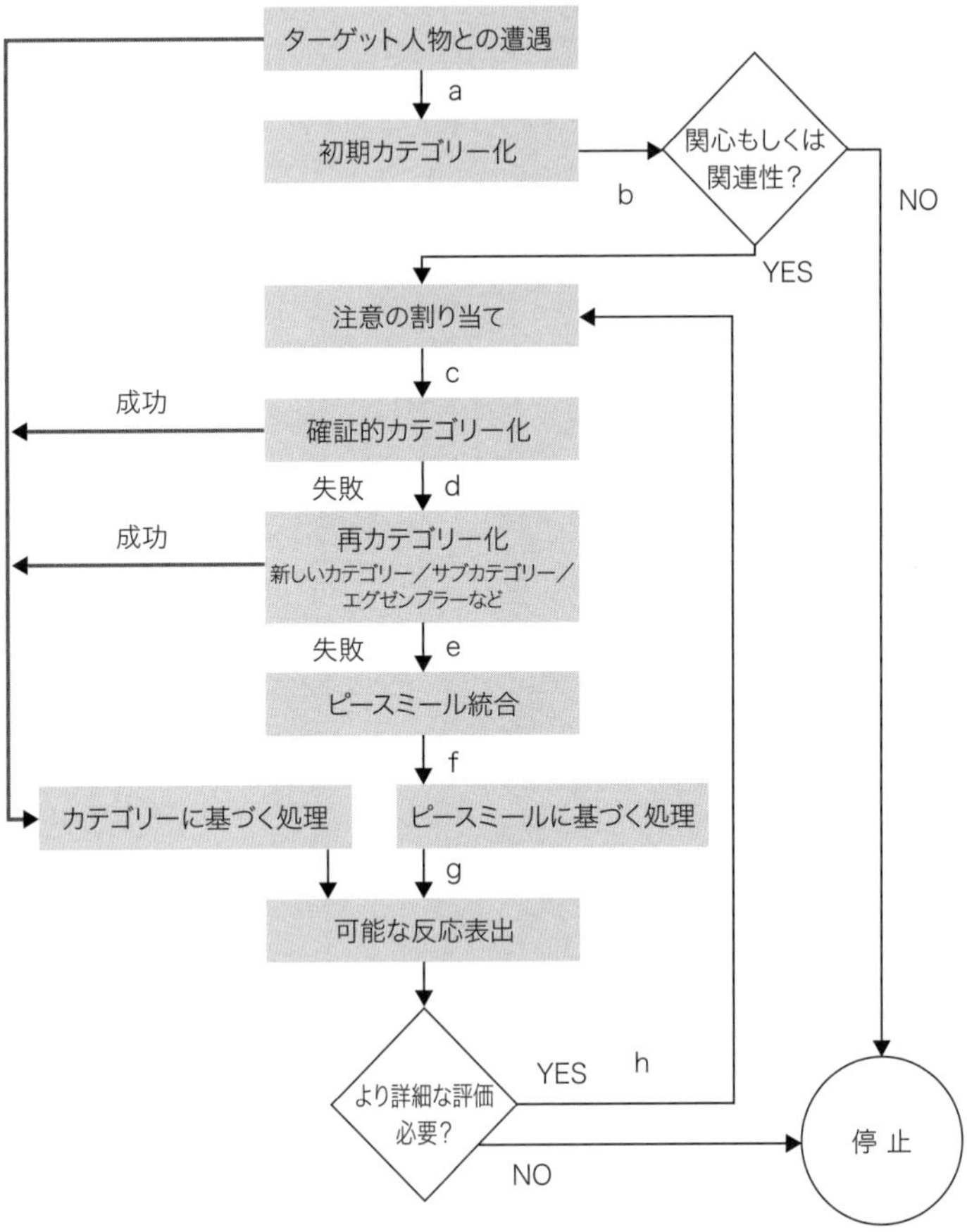

Fiske & Neuberg (1990) より作成

図2. 印象形成の「連続体モデル」

対照的に、印象形成aの「連続体モデル」（図2）では、「自動的過程」と「統制的過程」との間に分岐点を想定せず、両者が連続体上にあると考えている。つまり、ふたつの過程は境界線によって区切られているわけではなく、虹の色のように徐々に変化するものとしてとらえられている。そして、「自動的処理」から「統制的処理」へと移行するなかで、他者の「印象」が形成されると考える。次に図2で示されるパスについて説明していこう。

印象形成は「自動的処理」からスタートする。まず他者に対して**「カテゴリー化」**が行われる。さきほどの例のように、ある人を見て、「日本人だ」と思う（初期カテゴリー化）。図2のaである。相手に対し最低限の関心もしくは関連性を知覚した場合（図2のb）、その人の属性に注意が向けられる（注意の割り当て）。

そして、その際に利用可能な情報が、最初に分類したカテゴリーに一致するよう解釈できるかどうか検討される。「日本語を話しているのでやっぱり日本人だ」と思うような場合である（確証的カテゴリー化）。図2のcがこれにあたる。

情報が最初のカテゴリーではうまく解釈できないような場合には、ほかのカテゴリー等と照合される（再カテゴリー化）。

最初は「日本人だ」と思ったけれども、その人が別の人から日本語で話しかけられて困っている様子を見たとしよう。そのときに「日本人ではなくて、中国人かな」と思うような場合である。「確証的カテゴリー化」が失敗した場合、つまり図2のdである。「再カテゴリー化」の段階では、さまざまなカテゴリーとのフィットが検討される。

図2の「再カテゴリー化」の箇所を見てみよう。「中国人」というのは、別の「新しいカテゴリー」である。また、日本語が通じていない様子から「日本人でも、海外暮らしの長い帰国子女かな」と思う場合には、「帰国子女」という「サブカテゴリー（下位カテゴリー）」が用いられている。あるいは、日本人でも「友人のAのように、返事をするのが面倒だからわざと日本語がわからないふりをしているのかな」と思う場合には、「エグゼンプラー（事例）」が用いられている。

「再カテゴリー化」もうまくいかない場合は（図2のe）、相手の特徴ひとつひとつに対して分析が行われ、それらが統合される（ピースミール統合）。そして、統合された情報に基づいてその人の感情や認知、行動の傾向に対する処理が行われ（ピースミールに基づく処理、図2のf）、反応として表出される（可能な反応表出、図2のg）。

もっと相手に対する詳細な評価が必要であれば、もう一度、相手に関する情報に注意が向けられる（図2のh）。これらの段階は、また繰り返されてその人の「印象」を形成していく。

「2過程モデル」と「連続体モデル」の違い

さて、ここまで印象形成の「2過程モデル」と「連続体モデル」を紹介した。両者の違いについても少し説明をしておこう。これらのモデルには、先に述べたふたつの過程に対する考え方（分岐点があるか連続体か）のほかにも異なる点がある。

たとえば、「2過程モデル」では複数のルールを想定している。

さきほどの図1をもう一度見てみよう。取引先A社の担当者を「個人化」したときは、その人に対して個人的関与があるかどうか検討した（図1のf）。

けれども、A社の受付スタッフを「個別化」したときは、「受付スタッフ」というカテゴリーに適合するかどうか検討した（図1のdおよびe）。つまり、「個人化」と「個別化」では、異なるルールが用いられることをモデルでは想定している。

対照的に、「連続体モデル」においては用いられるルールはひとつだ。

そのルールとは次の通りである。相手に関する情報がどのくらいカテゴリーにフィットするのか、そしてわたしたち認知者が相手の印象形成に対してどのくらい動機を持っているか、ということによってカテゴリー化のしやすさが決まる。図2を見るとわかるように、このモデルでは印象形成のプロセスが循環することも示している。

「2過程モデル」と「連続体モデル」にはそうした違いはあるものの、どちらも「自動的過程」と「統制的過程」をひとつのモデルの中で統合したものである。カテゴリーに基づくすばやい処理方略と、動機づけられた入念な処理方略を、人が使いわけられることを示している。

たとえば、異動になって新しい部署に配属されたとしよう。上司のおだやかな表情から「優しそうな人だ」と思った。けれども、翌日、上司が会議で厳しい口調で話しているのを見て「優しい」カテゴリーに適合しない可能性を感じた。相手は上司なので、どのような人なのかもっと情報を得て慎重に見きわめようとする。このように、「二重過程理論」は、わたしたちが情報処理における「戦略家」であることを表しているのである。

行動するときの「システム1」と「システム2」—手順のモデル—

「自動的過程」と「統制的過程」のふたつがそれぞれの機能を果たすという考え方は、対人認知のような場面では理解しやすい。ただし、統制的に行っていたことが自動的に行われるようになることや、その反対のことが起こるケースもある。

車の教習所に通い出した頃には、右左折する前に、後方を確認する、ウインカーを出す、スピードを落とす、などたくさんのことを考えながら運転していたが、いまは自動的にそれらのことができるようになっている。けれども、運転中の事故のニュースをテレビで見た直後は、いつもより入念に後方を確認するようになる。これらの例を説明するためには、機能ではなく次に紹介する「手順」でふたつの過程を考えるほうがよいかもしれない。

ある研究者たちは、ふたつの過程を、自動的で大部分は無意識的、そして計算のための能力をほとんど必要としない「システム1」と、統制的で情報処理における分析的知性と知性の基盤である計算的要素を包含した「システム2」と呼んだ（Stanovich & West, 2000）。この名称を用いて、ふたつのシステムを、次のように定義することもある（Kahneman, 2011）。

・「システム1」は、自動的ですばやく働き、努力や自発的なコントロールを必要としない。もしくは必要としてもほんのわずかである。

・「システム2」は、努力の必要な心的活動（複雑な計算を含む）に注意を割りあてる。「システム2」の働きは、主体性、選択、集中という主観的経験としばしば結びついている。

（Kahneman, 2011 pp.20-21）

わたしたちが目覚めているとき、「システム1」は自動的に働いている。この働きのおかげで、わたしたちは思い出そうとしなくても、自分のオフィスの場所がわかる。

通常、「システム2」も低レベルで作動していて、「システム1」から送られてくる直感や印象、衝動などを確信や行動に変えている。そのため、わたしたちはいつものルートを通ってオフィスにたどりつける。

ただし、「システム1」では答えが出せないような事態が生じたときには、「システム2」が努力を要した働きをして問題を解決しようとする。たとえば、オフィスへのルートがもし通行止めになっていたら、ほかの行き方を考えて、一番よいと思う選択をするのである。*1

わたしたちの認知は「自動的過程」でうまくいくのか？

ここまで機能もしくは手順によって、認知過程を「自動的」と「統制的」のふたつのモードとしてとらえたモデルを見てきた。「自動的過程」のほうがすばやく働くし、努力もあまり必要としないので、ラクな方法だと思われる。相手や対象をスキーマやカテゴリーで分類して、それがうまくほかの情報と合致すればそこで情報処理を停止してよい。また、「システム1」がうまくやってくれているうちは、「システム2」を駆動しないですむ。ただし、すべてのことを「自動的過程」のなかで（もしくは「システム1」だけの働きで）すませることは難しい。

さらに、「自動的過程」には「バイアス（詳しくは後述）」が生じることがある。「バイアス」とは、特定の状況において起こる系統的なエラーであり、誰もが経験するものだ。

みなさんも「答案を注意深く見直しなさい」とか「よく考えたうえで付き合う相手を選びなさい」などといわれた経験があるだろう。いつも同じところでミスをする計算問題、いつも同じような人を好きになって失敗する恋愛、そこではきっとわたしたちは「バイアス」の影響を受けている。

＊1　本書では「二重過程理論」に基づくモデルを紹介したが、情報処理に対して単一の過程を想定した理論もある（e.g., Kruglanski & Thompson, 1999）。ここではその議論について詳しく述べることはしないが、簡単に紹介しておこう。単一過程モデルでは、次のように主張する。たとえば他者情報の判断においては、カテゴリー情報であっても、個別化情報であっても、それらは区別されることなく、与えられた証拠（evidence）とみなされる。そして、それが判断者にとって関連性があると思われたら、処理によって反応（この場合はその他者に対する判断）が生じる。つまり、二重過程理論のモデルのように自動的過程と統制的過程に分ける必要はないという説明である。情報処理に複数の過程もしくは単一の過程を想定するのかという議論は続いているが、多くの理論ではふたつの過程を想定している。本書もそうした立場から情報処理の過程を説明した。

CHAPTER

2 「バイアス」という思考のくせ

まず、「バイアス」があることを理解する

「バイアス（bias）」と聞いて、手芸用品の「バイアステープ」を連想した人もいるかもしれない。「バイアステープ」とは、布地を布目に対して45度の角度で斜めに裁断したものである。認知の「バイアス」は、その斜めになっている様子と重なるのか「偏り」という意味合いで用いられている。「バイアス」と呼ばれる「思考のくせ」には、さまざまな種類がある。

他者の印象に関する「確証バイアス」や「ハロー効果」「SIB効果」についてはPART2にて、自己の印象に関する「自己評価維持理論」などについてはPART3にて、集団の印象に関する「ステレオタイプ」やその影響についてはPART4にて詳しく説明する。
ここでは、判断に影響を与えうる「思考のくせ」として、次の3つを取り上げておこう。

(1)「原因帰属」の過程において生じるバイアス
(2)「将来を予測する際」や「過去を想起した場合」に生じるバイアス
(3)「集団のカテゴリー」がある場合のバイアス(の一部)

なお、これらについて説明するためには、どうしても社会心理学の理論やモデルを取り上げる必要がある。それは、わたしたちの認知のプロセスにおいて、理由なく、また突然に「思考のくせ」が現われたわけではないからだ。「バイアス」と呼ばれる現象が生じるのには理由があるし、意味もある。そうしたことを理解していただいたうえで、わたしたちがやりがちな「思考のくせ」について考えてほしいと思う。

ただしその結果、ここではややかたい話をすることになってしまう。もし読みづらいと思われる場合、このCHAPTER2には、PART4のあとにもう一度戻ってきてもらってもよい。なお、こうした「思考のくせ」にどう向き合うかということについては、PART5で考えていくこととする。

わたしたちの判断に「思考のくせ」はどのように影響を与えるのか

(1)「原因帰属」の過程において生じるバイアス

出来事の原因について推論することを「帰属」という。人は、しばしばこれを他者の行動に対して行う。

混雑している電車の中で、誰かがほかの人に席を譲ったとしよう。こうした行動を見ると、その人のことを「親切な人だ」と思う。この場合、わたしたちは「席を譲る」という行動を、行為者の「親切」という特性に帰属している。

このような「原因帰属」がどのようになされるのか、その過程についてはさまざまな検討がされてきた。ここでは、行動から特性を推論することに注目し、その過程に情報処理のプロセスを組み込んで検討したモデルをふたつ紹介しよう。

「2段階モデル(Trope, 1986)」と「3段階モデル(Gilbert et al., 1988)」である(図3)。なお、どちらのモデルも「自動的過程」と「統制的過程」というふたつの過程を想定している。

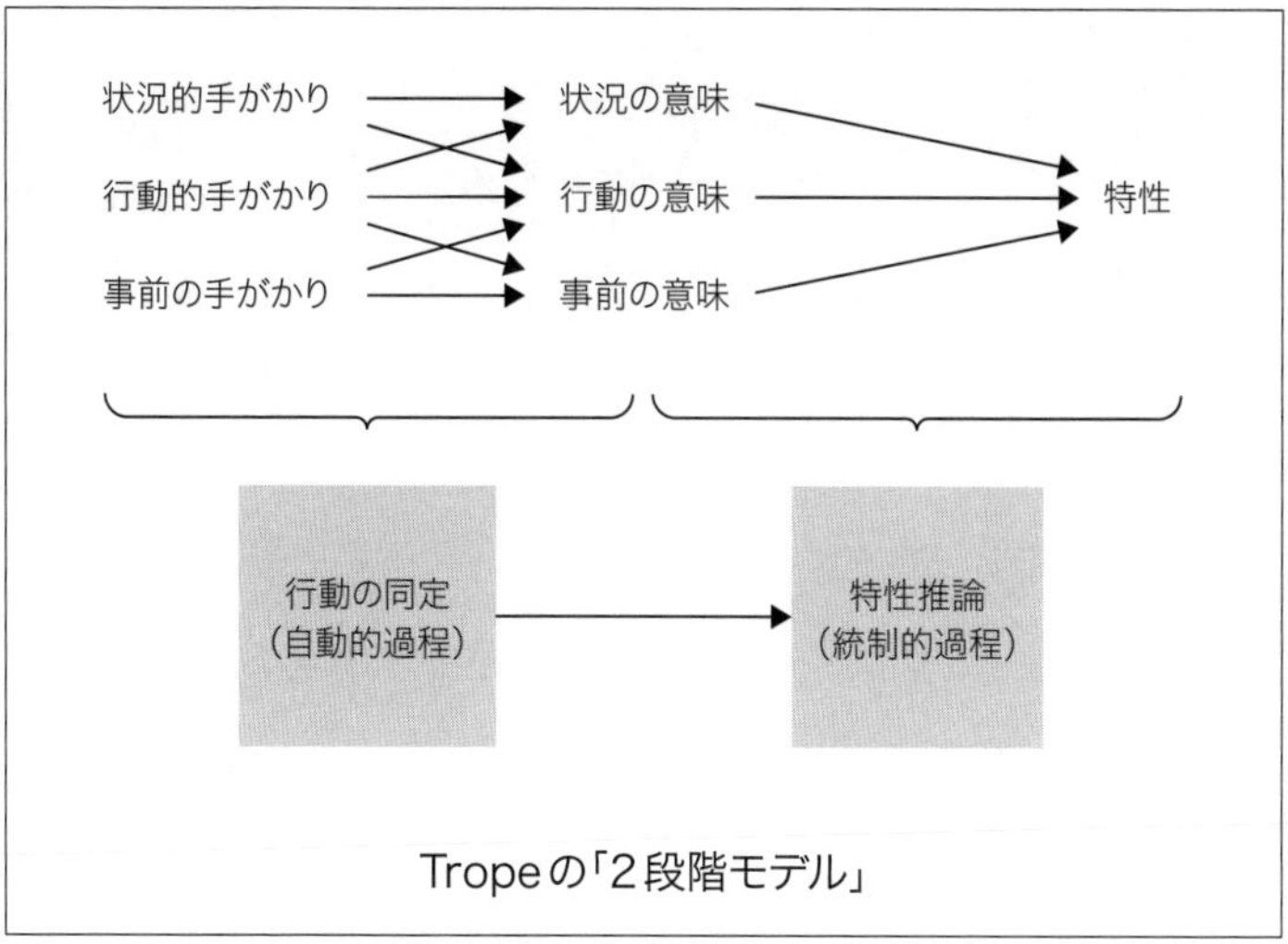

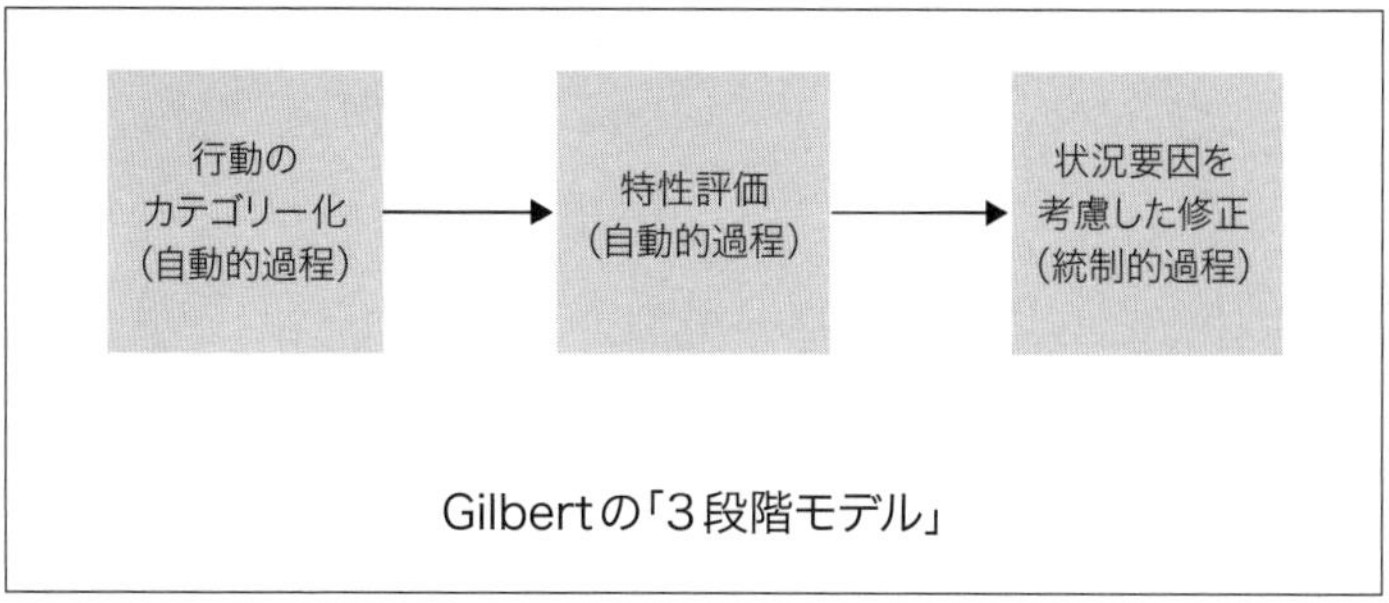

Trope (1986) と Gilbert (1988) より作成

図3. 特性推論過程の段階モデル

特性推論過程の2段階モデル
――眉間にシワを寄せる上司（はどのような人？）――

まず、「2段階モデル」を取り上げよう。ここでいう2段階とは、帰属過程における「行動の同定」段階と「特性推論」段階のことを指している。

図3の上のチャートを見てほしい（Tropeの「2段階モデル」）。ひとつ目の「行動の同定」段階では、「状況的手がかり」「行動的手がかり」「事前の手がかり」によって、行動の意味が同定される。

まず「行動的手がかり」の情報として、あまり楽しくない例ではあるが、「上司が眉間《みけん》にシワを寄せている」という場面を考えてみよう。

上司の行動の意味は、「状況的手がかり」の情報や「事前の手がかり」の情報の影響も受ける。部下であるわたしが、その上司を怒らせるようなミスだらけの書類を提出したのか、そうでないのか（状況的手がかりの情報）、またその上司はいつも怒ることが多いのか、そうでないのか（事前の手がかりの情報）などである。

ミスだらけの書類を見せられたのなら怒っているのだろうし、いつも怒っているのであれば今日も怒っているのだろう。このようにして、「眉間にシワを寄せている」という上司の行動は「怒っている」と同定される。これが「行動の同定」段階である。

ふたつ目の「特性推論」段階では、最初の「行動の同定」段階で検討された材料が用いられるのだが（上司は怒っている）、その際、「状況的手がかり」から予測されること（状況の意味）が統制的処理によって差し引かれる。「ミスだらけの書類を見せられた」という状況に対して上司が怒るのは仕方ないことである。この状況を考慮すれば、「怒っている」という行動をしているからといって、その人を「怒りっぽい人」とは推論できない。

なお、「状況的手がかり」（ミスだらけの書類）は、「行動の同定」段階では、「怒っている」という行動をとらえるためのプラスの材料になっていた。しかし、「特性推論」段階では、「怒りっぽい人」という特性の推論を引き下げるためのマイナスの材料になるのだ。

つまり、行動を促進するような「状況的手がかり」は、「行動の同定」段階と「特性推論」の段階とでは反対の方向に働くのである。

このモデルでは、「行動の同定」段階は**「認知資源」**を必要としない「自動的過程」と考えている。「認知資源」とは、人が思考や判断するために持つ脳内のリソースと考えてほしい。

「自動的過程」ではこうした「認知資源」を使わなくても、相手が怒っていることはわかる。いつも怒っている上司にミスだらけの書類を提出し、眉間にシワを寄せた上司の表情を見た、という場面なら考えるまでもなく上司は「怒っている」のだとすぐ思う。

けれども、上司を怒りっぽい人と推論するのには、検討の余地がある。状況を考慮してその影響を差し引く必要があるからだ。こうした作業をするために、「認知資源」が使われる。そのため、「特性推論」段階は「統制的過程」と考えられている。

特性推論過程の3段階モデル
──書類をばらまく取引先の営業担当（はどのような人？）──

もうひとつモデルを紹介しておこう。「3段階モデル」（Gilbert et al., 1988）もさきほどの「2段階モデル」と同様に、「帰属過程」に段階を想定したモデルである。

「3段階モデル」では、「行動のカテゴリー化」段階、「特性評価」段階、「状況要因を考慮した修正」段階によって帰属過程が構成されると考えている。いまからそれぞれの段階について説明していこう。

図3の下にあるチャートを見てほしい（Gilbertの「3段階モデル」）。ひとつ目の「行動のカテゴリー化」とは、他者の行動の意味を考えてカテゴリー化する段階である。

取引先の営業担当者とはじめて会ったとしよう。相手の担当者が、カバンから書類を取り出そうとしてバラバラと床に落としたとする。それを見て「あわてている」というように、その行動をカテゴリー化する。

ふたつ目の「特性評価」とは、「行動」と「特性」とを関連づける段階である。「あわてている」行動から、その担当者を「緊張しやすい」人なのだろうと思う。

ここまでは「認知資源」を必要としない自動的な過程だ。観察可能な行動から、わたしたちはすぐにその人の性格特性をイメージしてしまうというのが、このモデルの主張である。

ここまできたところで、相手は取引先に最近入社したばかりであることを思い出した。次の段階である「状況要因を考慮した修正」により、「慣れない営業で緊張しているのだろう」と思い、「緊張しやすい」という評価を下方に修正する（割引き）。

ただし、この段階は、「認知資源」を必要とする「統制的過程」である。そのため、ほかのことを考えているなどして「認知資源」が十分でない場合には、修正が行われないことがある。また修正されたとしても、修正の程度が足りないこともある。

さきほど紹介した「2段階モデル」との違いについてふれておこう。「2段階モデル」では、「状況的手がかり」の影響を自動的過程においても想定していた。取り上げた例では、上司の怒った顔に対する「行動の同定」段階で、書類のミスという状況要因が考慮された。

他方、「3段階モデル」では、人が他者の行動を観察してカテゴリー化すると、自動的に特性が推論されると考えている。つまり、自動的過程である「特性評価」段階までは状況要因が考慮されず、統制的過程において事後的に「状況要因の影響を考慮した修正」（割引きや割増し）が行われるということだ。

先に紹介した、書類をばらまく担当者の例でいうと、相手が新入社員であるという点は、「特性推論」過程の最後に考慮されるのである。

さて、ここまで他者の行動から、その人の特性を推論する「帰属過程」について説明した。紹介したふたつのモデルのいずれも、その過程に情報が自動的に処理される段階があることを示している。

こうした「自動的過程」の段階、すなわちすばやく情報を処理する場合があるからこそ、「特性推論」の際にはエラーやバイアスが生じやすい。いまからそのうちのいくつかを紹介していく。※2

基本的帰属のエラー
──「仕事で失敗した部下」と「それを見る上司のわたし」のずれ──

他者の行動の原因を、過度に特性や態度、能力などその人の内的要因によるものととらえてしまう現象は**「基本的帰属のエラー」**（Heider, 1958）や**「対応バイアス」**（Jones & Davis, 1965）と呼ぶ。

たとえば、部下が仕事で失敗をしたとする。もしあなたが上司であったら、その失敗の原因をどのように考えるだろうか。合理的に考えられる以上に、部下が真剣に取り組まなかったからだと思うかもしれない。また、部下の能力が低いからだとも思うかもしれない。

このように、わたしたちは部下の失敗を本人のせいにする。本当は、その仕事に対する指示の仕方が悪かったのかもしれないのに（つまり上司である自分のミス）。けれども、そうした状況要因の影響は考慮されにくい。

このエラーについて検討した研究では、エラーが生じやすい場合や生じにくい場合について明らかにしてきた。

たとえば、**他者の行動を見る際、たまたまポジティブな感情状態にあるとエラーが生じやすい**（Forgas, 1998）。仕事とは関係のないことでよい気分になっていると、よく考えずに部下の失敗を本人のせいにしてしまうような場合である。

また、**他者の行動には別の動機があると思うと、エラーは生じにくい**（Fein et al., 1990）。これは次のような場合である。上司であるあなたが話したことに対し、部下が同調したとしたら、部下はあなたに賛成していると思う。けれども部下の同調には、あなたに取り入るという別の動機があると思えば、「行動（同調）」と「態度（賛成）」を結びつけなくなる。

行為者―観察者効果

――「仕事で失敗した部下のわたし」と「それを見る上司」のずれ――

これまで説明してきたように、**わたしたちは他者の行動を「特性」によって判断しやすい。その一方で、自分自身の行動は「状況」のせいにしがちである。**

さきほどとは反対の立場で考えてほしい。もし自分が仕事で失敗をしたとしたら、上司の仕事の割り振りが悪いせいで同僚よりも自分に過重な負担がかかっていたとか、上司の指示の仕方がわかりづらかったなどと状況や課題のせいにするのではないだろうか。けれども上司は、部下の失敗を部下の努力の少なさや能力の低さが原因だと思う。

このように、**行為者**（**部下であるわたし**）**と観察者**（**上司**）**とでは帰属にずれが生じることを「行為者―観察者効果」**（Jones & Nisbett, 1987）という。もし、この現象が職場で実際に起こったら、上司との関係も悪くなりそうだ。

ただし、この現象について検討した173の研究の結果を統合的に分析（メタ分析）した報告によると、行為者と観察者の帰属のずれはそれほど大きくはなかった。また、その**ずれは、ネガティブな出来事に対しては生じるが、ポジティブな出来事に対しては生じにくいこと**も報告された（Malle, 2006）。

つまり、「行為者―観察者効果」は自分が仕事で失敗したといった出来事を対象として考えたほうがよいということだ。それは、**とくにネガティブな出来事の場合に、人が自分の行動を状況のせいにするから**である。この点は、次に紹介する「自己奉仕的バイアス」とも関連している。

自己奉仕的バイアス
――チームで取り組んだ仕事で成功した場合――

失敗の場合、人は自分の行動の原因が状況によるものだと思う。対照的に、成功の場合にはその原因を自分自身のおかげだと考える。これは自分にとって都合のよいことであるため、**「自己奉仕的バイアス」**と呼ばれる（Miller & Ross, 1975）。失敗は上司の指示が悪かったせいだが、仕事の成功は自分が努力したからだし、能力が高いおかげだ、と部下が思うのがこれにあたる。

「自己奉仕的バイアス」が問題になるのは、同僚と協働しチームとして仕事を行うような場合である。仕事が成功した場合には、ふたりともその結果を自分に帰属し、自分のほうが相手よりも成功に貢献したと思う。

このように、**複数人数による出来事の結果に対し、実際以上の手柄を自分に見積もること**

を**「自己中心性バイアス」**という（Ross & Sicoly, 1979）。他方、その仕事が失敗したら、ふたりともそれを状況のせいにして、相手の責任を重く見積もる。

もしこの現象が職場で起こったとしたら、同僚よりも自分のほうが成功に寄与したのに、それが正当に評価されないと思うだろう。また、失敗は同僚のせいなのに自分も巻き添えになったと思うだろう。同僚との関係が悪くなりそうだし、また上司をはじめ周囲の人に対しても不満を感じそうだ。

(2)「将来を予測する際」や「過去を想起した場合」に生じるバイアス

きっとうまくいくだろう ――将来の予測――

わたしたちは、自分の特徴や能力などを実際以上にポジティブなものとしてみなしている（Taylor & Brown, 1998）。このポジティブな自己知覚については、ＰＡＲＴ３で詳しく説明するが、ここから生じる現象のひとつは、将来、自分にポジティブな出来事が生じる可能性を高く見積もることである。

人は自分に都合のよい因果理論を生成し、またその理論に合致する証拠を評価する。それ

を繰り返すことによって、自分にはポジティブな出来事が起こり、ネガティブな出来事は起こらないという楽観的信念を持つ。こうした傾向は、動機によって導かれた認知プロセスによって生じる（Kunda, 1987）。

楽観的であることには、よい側面もある（これはたしかなことであり、PART5では、この点について詳しく説明する）。

しかしながら、楽観的であることが、わたしたちによくない影響を与える場合もある。たとえば病気になる可能性を低く見積もると、そうした事態を回避するための方法をとらなくなってしまう。また、災害や犯罪に遭う可能性を低く見積もると、そうした事態への警戒や備えを怠ってしまう。わたしたちは、つい「自分は大丈夫だ」と思いがちであるが、現実はそうではない。

余裕で間に合うだろう ——計画錯誤——

将来に対する楽観的な見込みは、やるべき課題を終わらせるまでの時間も短く予測させる。これは**「計画錯誤」**と呼ばれる現象である（Buehler et al., 1994）。

来週中に取引先A社とB社に対する提案書を作成する必要がある。こういう場合、わたしたちはたいてい「それぞれ1週間あれば十分だから、今週はA社の書類だけ仕上げよう」と思う。しかし、週が明けてもA社への提案書はまったく完成しておらず、B社の書類にも手がつけられていない。

これと似たような経験をした人も多いのではないだろうか。学生時代の試験勉強も、さらに先月の仕事の書類も、もっと早く準備が終わるはずだったのにそうではなかった。けれども、その経験は活かされない。ここにも、わたしたちの楽観性が働いている。

最初からそうなると思っていた――過去の想起――

「将来の予測」にはバイアスが生じるが、「過去に対する解釈」にもバイアスが生じる。そのひとつが、**出来事の結果を知ったときに、知らなかったときよりも、その結果が起こる可能性を高く見積もっていたと思うことである。**これは、**「そうなるとわかっていた態度("knew it all" attitude)」**といえる現象である(Fischhoff & Beyth, 1975)。また、この現象は**「後知恵効果」**と呼ばれることもある(Christensen-Szalanski & Willham, 1991)。

出来事の結果が明らかになったあとで、わたしたちはその結果が予測可能であったと考える。たとえば、5名のプランナーが参加していたコンペでAさんのプランが採用されたと聞くと、「最初からそのプランが選ばれると思っていた」というような場合である。事前に異なる予測をしていたとしても、記憶はゆがめられて、その結果は予測できたと思うのである。

ただし、この現象について検討した122の研究結果を統合的に分析（メタ分析）した報告によると、この効果はそれほど大きくはなかった（Christensen-Szalanski & Willham, 1991）。この現象は、状況によっては見られにくい場合もあるようだ。とくに、起こらなかった出来事に対する「後知恵効果」は、起こった出来事に対する効果よりも小さかった。

また、実際に出来事を経験した場合（たとえば、スポーツの試合で実際にそのチームが負けるのを見ていたとき）には、経験していない場合よりも効果が小さかった。ほかにも出来事に対して専門知識のある場合（たとえば、医師が専門領域の疾病についてたずねられたとき）には、専門知識を持たない場合よりも効果が小さかった。

こうした結果は、この現象が動機的要因によるものというよりは、認知的要因から生じることを示唆している。つまり、わたしたちが「最初からそういう結果になるとわかっていた」と思うのは、自分の予測力の優秀さを信じているため（動機的理由）と考えることもできるが、それ以上に、自分が以前、結果をどう予測していたのか思い出せないため（認知的理由）と考えられるのである。

(3)「集団」のカテゴリーがある場合のバイアス

ここでは、「集団のアイデンティティ」に関する理論と「集団のカテゴリー化」にともなうバイアスを紹介しておこう(さきほどお伝えした通り、ほかの「集団」の印象に関する多くのことはPART4で説明する)。

自分たちか、それ以外か ——集団のカテゴリー化——

自分を含む複数の人数が、ふたつのチームに分かれてスポーツのゲームをするとしよう。くじ引きによるチーム分けにより、自分のチーム、また相手のチームができる。これは集団がカテゴリー化された状況だ。同じチームのメンバーのことを「内集団成員《ないしゅうだんせいいん》」、別のチームのメンバーのことを「外集団成員《がいしゅうだんせいいん》」と呼ぶ。

このように集団がカテゴリー化されると、カテゴリー内の類似性は大きく知覚される。つまり、**相手のチームの人たちはみな似ていると思い、自分のチームのメンバーも重要な点においては似ていると思う**のである。また同時に、カテゴリー間の差異も大きく知覚される。**自分のメンバーは、相手のチームの人たちとは違うと思う**のがそうである。

社会的アイデンティティ理論は、このような「集団のカテゴリー化」にともなう**「集団内**

の類似性」と**「集団間の差異化」**に対する知覚について論じている（Tajifel & Turner, 1979）。この理論では、くじ引きをした結果、たまたま分かれたグループのような場合でも、このような「内集団」と「外集団」に対する知覚が生じると考えている。

自分はどこのだれか ——自己カテゴリー化——

「集団のカテゴリー化」は社会的アイデンティティを生み出して、それぞれの集団に対する知覚の差異を生じさせるだけではない。**わたしたちは、「内集団」にアイデンティティを感じると、その集団のメンバーとして適切な行動や期待される行動をとるようになる。**そして、その行動は規範となり、内面化されていく。これは「自己カテゴリー化理論」において主張されていることである（Turner, 1987）。

この「集団のカテゴリー化」という理論では、自分をどの集団にカテゴリー化するかという点についても論じている。現実の社会において、わたしたちはひとつのカテゴリーのメンバーであるわけではなく、複数の社会的カテゴリーに所属している。

たとえば、上司を含む会社の経営層にとってみれば部下のひとりであるし、取引先A社からしてみればB社の社員である。また週末のテニスクラブでは、ダブルスC組のメンバーである。カテゴリーはとても多く、状況に応じて自分をカテゴリー化する集団が変わる。テニスでほかのペアと試合をしているときは「C組のわたし」である。部下とかB社の社員としての自己カテゴリー化はほとんど行われない。

自分のグループが得するように――内集団ひいき――

集団の区別がある場合、わたしたちは内集団のメンバーを好むと考えられている。そのため、**何か資源を分配する場合には、「内集団」と「外集団」との差が大きくなるよう（「内集団」に多く）分配するの**だ（Tajfel et al., 1971）。

たとえば、オフィスを自分のグループとほかのグループで分けて使うようなときに、自分のメンバーのスペースが広くなるように割り当てる。それは、くじ引きによって分かれたときなど、グループが集団としての特徴を持たない場合でも同様だと考えられている。

このように集団が区別されるだけでも生じる「内集団ひいき」であるが、とくに、人が内集団のメンバーに対して好意を持っている場合や、内集団の重要性を高く知覚している場合には、この傾向が強くなる。たとえば、少数派の集団であるとき、また自分たちの集団のほうがほかの集団よりも現時点で優位な地位にあるものの、その関係が逆転されそうなときなどである。

相手のグループはみな同じタイプの人たち　――集団均質性――

さきほど説明したように、カテゴリー内の類似性は高く知覚される。内集団への同一視が強い場合など、内集団のメンバーどうしも似ていると思われる場合もある。

また状況によっては、**「内集団」に比べて「外集団」のほうが多様性を低く知覚されること**がある（Quattrone & Jones, 1980）。つまり、自分たちのグループにはいろいろな人がいるけれども、相手のグループの人はみな似ているように見えるのである。これを**「外集団均質性効果」**と呼ぶ。この効果は外集団に対する型にはまった見方、つまりステレオタイプ化に結びつく。

足を引っ張るメンバー　――黒い羊効果――

内集団に対し均質性を知覚することは、ときとして好ましくない内集団のメンバーを低く評価することを引き起こす。自分たちの集団になじめないものを切り離すということだ。

内集団の優位性を確認するため、内集団と外集団の比較において**「内集団の優れたメンバー」を「外集団の優れたメンバー」よりも高く評価し、「内集団の劣るメンバー」を「外集団の劣るメンバー」よりも低く評価する。**これは**「黒い羊効果」**と呼ばれる（Marqus et al., 1988）。

「内集団ひいき」の現象が見られる一方、このような内集団の成員に対する否定的な評価がなされる場合もある。

ここまで、わたしたちの「思考のくせ」をいくつか紹介した。すでに気づかれたかもしれないが、これらの現象を「バイアス」ではなく「効果」と呼ぶこともある。これは研究者がもともと論文や著書において「effect」と表記したものを、「効果」と邦訳したものである。日本語で「効果」というと、効能のようなニュアンスがあるかもしれないが、意味合いとしては「思考のくせ」が判断に与える「影響」というのが近いかもしれない。いずれにしても、ネガティブなイメージをともなう「バイアス」という言葉で、これらの現象をひとくくりにしないことには意味があるように思う。

さて、少し話を戻そう。取り上げた「思考のくせ」に対して、みなさんは納得されただろうか。それとも、自分にはこのような「くせ」などないと思われただろうか。「自分にもあるけれども、ほかの人（具体的な名前が挙がるかもしれない。たとえば上司とか）のほうが、もっとこうした傾向がある」と思った方もおられるだろう。もしそうだとしたら、そこにも「くせ」の影響が出ている。**わたしたちは、「自分よりも他者のほうがバイアスを持っ**

ていて、その影響を受けやすい」と判断しがちである（Pronin et al., 2002）。つまり、そう思うこともわたしたちの「思考のくせ」なのだ。

＊2　本書では主に、他者や自分、集団の印象に関わるバイアスを取り上げる。ほかにも意思決定におけるヒューリスティックス、つまり正確に評価できない対象を判断するための単純戦略（Tversky & Kahneman, 1974）を用いることによって生じるバイアスについても多く検討されてきた。たとえば、利用可能な情報を判断に用いる際、情報の思いつきやすさが影響を与えることによって生じるバイアス、また、ふたつの事象が同時に生じる確率を、片方の事象が生じる確率よりも高く見積もるようなバイアスなどである。また利得と損失の非対称性（Kahneman & Tversky, 1979）といった感情価（valence）をともなうバイアスなども意思決定において認められる。

PART

2

「他者」の印象はどのようにつくられるのか

CHAPTER 3

あなたは「人を見抜けるひと」ですか

対人認知において「確証バイアス」が働きやすい

問　あなたは、自分が「人を見抜けるひと」だと思いますか？
次の選択肢の中から、考えにもっともあてはまるものを選んでください。

1. まったくそう思わない
2. ほぼそう思わない

3. あまりそう思わない
4. ややそう思う
5. ほぼそう思う
6. 非常にそう思う

この質問に対して正しい答えはない。自分がどの程度、「他者」のことをわかると思うのか考えてもらえたならそれでいい。

もしかすると、この本のPART1を読む前であったなら、別の選択肢を選んだと思った方もいるかもしれない。すでに、人が共通して持つ「思考のくせ」のいくつかを紹介した。合理的に考えられる以上に、わたしたちには他者の失敗を「本人のせいだ」と思ったり、「よそのグループよりも自分たちのほうが優れている」と思ったりする傾向がある。このことを考えると、「人を見抜くこと」に対する自信も少し揺らぐかもしれない。

このCHAPTERでは「思考のくせ」のひとつとして、対人認知における**「確証バイアス」**について説明をする。

「確証バイアス」とは、**知覚者が「信念」や「期待」、あるいは「仮説」と一致するように情報を探索し、解釈すること**である（Nickerson, 1998）。また、**情報の記憶もこうした「信念」や「期待」の影響を受ける**（Costabile & Madon, 2019）。

つまり、人は他者に対していったん「あの人は○○なひとだ」と思うと、相手に関する情報の中からその「信念」に一致するような情報を探すというのである。さらに、人は相手の行動の意味をその「信念」に一致するように解釈したり、相手のいろいろな行動の中から「信念」と一致するものを記憶したりするというのだ。

このように、人が自分にとって都合のよい証拠を集めるのは、自分の「信念」が正しいものであることを確認したいためである。

「確証バイアス」は情報処理のいろいろな段階に影響を与えるので、わたしたちは自分の「信念」の正しさが客観的に妥当化されたという誤った感覚を持ってしまう。その結果、「信念」はどんどん強固なものになっていく。

本当は、「信念」とは一致しない証拠（反証事例）を探すことで、自分の「信念」が正しいのかどうか検討すべきであるのに、わたしたちの思考はそうした方向にはなかなか向かわない。

ここからは「情報探索」「記憶」「解釈」「予測」という情報処理の各段階において、わたしたちがどのように「信念」を確証しているのか、社会心理学の研究結果から考えていこう。

なお、個々の研究を紹介する前に、社会心理学ではどのように研究が進められるのかについて少し説明させてほしい。

この本で取り上げる研究の多くは「実験」という方法を用いたものである。実験に参加する人たちを「参加者」と呼ぶのだが、多くの場合、参加者には研究の本当の目的を知らせずに、課題に従事してもらう。研究によっては、課題にいくつかのパターンを設けて、どれかひとつへの従事を依頼することもある。

たとえば、参加者が100人いて、課題にはAとBの2パターンがあるとする。この場合、50人にはAを行ってもらい、残り50人にはBを行ってもらうのだ。参加者には、自分とは違う課題のパターンに従事している人がいることを知らせない。知ってしまうと、結果に影響が出てしまうからである。

ただし、こうした影響が小さいと考えられるのであれば、同じ参加者にAとBの両方に従事してもらうこともある。この場合は、AもBも100人分のデータとなる。いずれの場合でも、課題の途中や、課題のあとに、参加者の態度や行動を観察したり測定したりして、AとBによって、どのような違いが見られるのか検討する。

いま説明したのは、もっともシンプルな研究デザインの場合である。実際にはもっと複雑な手続きで実施されることが多い。できるだけ日常に近い状況で実験を行おうとした結果、そうなってしまったのだろう。この本では、手続きを少し省略して説明していく。

さて、それでは情報処理における「確証バイアス」について、人事採用での面接の場面を例にしながら順番に見ていくこととする。

何を見つけようとしますか ――「情報探索」の段階――

入学試験や就職活動の際に、面接を受けた経験のある方は多いだろう。また、採用選考等において面接する側を担当した方もいるかもしれない。

企業の採用選考においては一般的にエントリーシートや筆記試験、グループ・ディスカッション、面接等を通じて審査が行われる。多様なツールを用いるのは、応募者の能力やスキル、職業観、態度など、さまざまな側面を検討するためだ。とくに面接は複数回実施されることも多く、選考における重要なツールとして活用されている。

面接の担当者は、応募者の提出した書類や、すでに実施された試験結果等の資料を見ながら面接を実施する場合がある。ただし、**それらに書かれた内容からあらかじめ応募者に対して何らかのイメージを持つと、面接での質問に影響が生じる可能性がある。イメージを確証するような質問をしてしまう**のだ。こうした確証的な「情報探索」について検討した研究（Trope & Thompson, 1997）を紹介しよう。ここからは、自分が実験の参加者であるつもりで読み進めてほしい。

研究では、実験の参加者に、2名の人物（ターゲットたち）が特定の社会問題に対し、どのような態度を持っているのか調べるように依頼した。その際、ターゲットたちには「はい・いいえ」で答えられる質問を合わせて5問たずねることができるが、直接的に態度をたずねることは避けるようにと伝えた。

面接の場面でいうと、参加者が面接の担当者、ターゲットたちが応募者である。面接では質問を5つしかできない。5問をふたりの応募者に分配するという状況である。

なお、参加者にはターゲットの情報があらかじめ与えられていた。複数のパターンがあったが、そのひとつを例に挙げると、ターゲットのひとりはベジタリアンであり、もうひとりはテレビプロデューサーであった。

この場合、参加者が明らかにすべきなのは、「毛皮のための動物とさつ（家畜類を殺すこと）」

もしくは「映画産業への政府検閲」に対して反対かどうか、ということであった。なお、あらかじめ別の参加者を対象に実施した予備調査により、ベジタリアンは「動物とさつ」に反対、またテレビプロデューサーは「政府検閲」に対して反対の態度を持つと思われることが確認されていた。

参加者が行った質問の数を比較すると、「動物とさつ」に関する態度を検討する場合には、テレビプロデューサーに対する質問のほうがベジタリアンに対する質問よりも多かった。他方、「政府検閲」に対する態度を検討する場合には、ベジタリアンに対する質問のほうがテレビプロデューサーに対する質問よりも多かった。これは、参加者があらかじめ与えられた情報からターゲットの態度を推測し、それ以上の情報を探索しなかった可能性を示唆している。

次の研究では、ひとりのターゲットに2問の質問をすることを参加者に求めた。質問の内容を分析すると、ターゲットの情報から推測される態度を確証するような内容が多いことがわかった。

わたしたちは、自分の「信念」をたしかだと思うし、もし情報を集める機会を与えられたなら、その「信念」を確証するような情報を探索するのである。

この研究の参加者を採用面接の担当者、ターゲットを応募者に置き換えて考えてほしい。

たとえば、応募者に関して「チームスポーツのリーダー」という情報が面接の担当者に与えられていたとする。そのカテゴリーに対して、面接の担当者が「外向的」といったイメージを持っているとしよう。

面接の担当者は、応募者がさまざまな場面で外向的にふるまうだろうと判断し、そのことを応募者にたずねない可能性がある。たずねたとしても「人とコミュニケーションをとるのは得意ですか」といった確証的な質問をしてしまうかもしれない。

何に目を向けておぼえますか ――「記憶の符号化」の段階――

わたしたちはさまざまな情報をおぼえて、保持している。そして必要な際にそれを取り出して、判断などに利用する。ここでは、情報を「おぼえる段階（符号化）」と「思い出す段階（検索）」において、「信念」がどのように確証されるのか考えていこう。

さきほどと同様、採用面接のシーンで考えてみよう。面接の担当者は応募者に関する多くの情報の中から、自分の「信念」を確証するものを、そうでないものよりも記憶する可能性がある。こうした「選択的な符号化」について検討した研究（Lenton et al., 2001）を紹介する。

研究では、実験の参加者に75の単語リストを示し、記憶するように告げた。じつは、半数の参加者が見たリストには、男性のステレオタイプに関連する単語が15語含まれており（「法律家」「兵士」など）、残り半数の参加者が見たリストには、女性のステレオタイプに関連する単語が15語含まれていた（「秘書」「看護師」など）。

この最初のリストを示したあと、参加者には3分間、無関連の課題を行ってもらった。その後、別の46語のリストを示して、その単語が最初におぼえたリストにあったかどうかたずねた。実際には、46語のうち10語のみがリストにあった単語であった。ほかの36語の中には、最初のリストにあったものとは異なるが、男性のステレオタイプや女性のステレオタイプに関連する役割やパーソナリティを表す単語が含まれていた（たとえば、女性のステレオタイプとして、「図書館員」「温かい」など）。

参加者の回答を検討したところ、最初におぼえたリストの単語が2回目のリストにあった場合、高い割合で正しく「あった」と回答されていた。

問題となるのは次の点である。実際には最初のリストになかったのに、ステレオタイプ（男性もしくは女性）と一致する単語は「あった」と回答されるという誤りが見られたのだ。たとえば、最初のリストで女性のステレオタイプの関連語をおぼえた参加者は、2回目のリストではじめて見た「図書館員」を、最初のリストに「あった」と勘違いしていたのである。**わたしたちは、自分の「信念」に合うものをおぼえ、また本当にはないものまでおぼえているように思う**のである。

この研究の参加者を、さきほどの面接の担当者に置き換えて考えてほしい。「チームスポーツのリーダー」である応募者に対して、面接の担当者は「外向的」なイメージに合ったものを記憶する可能性がある。さらに、実際には応募者の話したことやふるまいの中になかったものでも、「外向的」なイメージに合ったものを誤って「あった」と思うかもしれない。

たとえば、社会的活動に関する質問に対し、応募者が「ボランティア活動に参加した経験がある」と話したとしよう。面接の担当者は、あとから応募者の回答について思い出すときに、「多くの人と協力しながら」ボランティア活動に参加したと記憶しているかもしれない。応募者が参加したのは、ひとりで作業する内容であったのかもしれないが、「外向的」なイメージに合うように思い出されてしまうのである。

何を振り返りますか　――「記憶の検索」の段階――

いま説明したのは、おぼえる際に与えられた情報によって、記憶が影響を受けるという可能性である。じつはおぼえたものに対して、あとから情報を与えられた場合にも記憶の問題が生じる。このことについて検討した研究（Snyder & Uranowitz, 1978）を紹介しよう。

研究では参加者に、ベティという女性について書かれた文章を読んで、彼女の印象を答えるように依頼した。文章は女性の誕生から職業選択までのストーリーで、そこには次の内容も含まれていた。

高校のとき、彼女には特定のボーイフレンドはいなかったが、デートには出かけていた。

参加者に文章を読んでもらったあと、その女性について「同性愛者」もしくは「異性愛者」であるという情報を伝えた。また、こうした情報を何も与えられなかった参加者もいた。

この課題を実施してから1週間後、再び参加者に協力してもらい、文章に対する記憶問題への回答を求めた。記憶問題では、それぞれ4つの選択肢から正解を選ぶよう告げた。

次は問題の例である。

高校のとき、ベティは
(a) たまに男性とデートした。
(b) 男性とデートしなかった。
(c) 特定の相手とデートした。
(d) 情報はなかった。

結果を分析したところ、「同性愛者」と告げられた参加者は、「異性愛者」と告げられた参加者や何も情報が与えられなかった参加者よりも「同性愛者」のイメージに一致する項目を選択していた。

研究では、文章を読んだ直後ではなく、1週間後の記憶テスト直前に「同性愛者」「異性愛者」の情報を伝えられた参加者についても検討したが、そうした場合でも、さきほどと同様の結果が見られた。

つまり、おぼえた直後であっても、思い出す直前であっても、与えられた情報によって記憶が再構成されてしまうということである。

わたしたちは、自分の「信念」に合うものを思い出すのである。

面接の担当者が応募者の面接を終えたあと、履歴書の中に「チームスポーツのリーダー」という情報を見つけたとしよう。あとで応募者の面接を振り返る際に思い出すのは、そのイメージに合う事柄である。さらに、実際には面接のときに見なかったものも「思い出して」しまうのかもしれない。

何を読み取りますか ――「解釈」の段階――

人事採用において応募者がたくさんいる場合、1回の面接に長い時間をかけることはできない。短い間に応募者のことを理解する必要があるが、その際、**応募者が話したことやふる**

まいを、面接する側が自分のイメージに合うように解釈してしまう可能性がある。こうした情報の「解釈」について検討した研究（Kulik, 1983）を紹介する。

研究では、参加者にビデオの映像を視聴してもらった。映像を見る前、参加者は次の説明を受けていた。ビデオは以前、社会的相互作用の研究を行ったときに録画したものであること、登場人物（ターゲット）は相手役の人とはじめて会うのだが、じつはその相手役はトレーニングを受けた協力者ということである。

映像は、実際には8パターン作成されており、参加者はそのいずれかを視聴した。どのように参加者の条件が分けられていたのかについては、次ページの図4を参照してほしい。

この研究で用いられた映像は、A～Cの3つのパートに分かれている。次では、各パートについて紹介しよう。

最初のパートAである。ここでは、実験室にいるターゲットの様子が示された。参加者の半数は、ターゲットが相手役に対して外向的にふるまい、また外向的な内容の話をする様子を見た（外向性条件）。残り半数の参加者は、相手役に対して内向的にふるまい、また内向的な内容の話をする様子を見た（内向性条件）。

A	→	B	→	C
（相手役と話す） ターゲットのふるまい 外向的or内向的		（待ち時間開始） 誰と待つか 規範（相手役）or 非規範（未知の人）		（待ち時間中） 待ち時間に話をするか 社交的or非社交的

1	外向性条件	規範条件	社交的条件
2	外向性条件	規範条件	非社交的条件
3	外向性条件	非規範条件	社交的条件
4	外向性条件	非規範条件	非社交的条件
5	内向性条件	規範条件	社交的条件
6	内向性条件	規範条件	非社交的条件
7	内向性条件	非規範条件	社交的条件
8	内向性条件	非規範条件	非社交的条件

（Kulik, 1983より作成）

図4. 実験で用いられた映像

次のパートBの映像では、実験室を出たターゲットの様子が示された。参加者の半数は、ターゲットが相手役と一緒に実験室を出て次の研究の準備を待つ様子を見た（規範条件）。残り半数の参加者は、ターゲットがひとりで実験室を出て、未知の人と待つ様子を見た（非規範条件）。

最後のパートCの映像では、実験の準備を待っているときのターゲットの様子が示された。参加者の半数は、ターゲットが一緒に待っている人と話をする様子を見た（社交的条件）。残り半数の参加者は、話をしない様子を見た（非社交的条件）。

なぜパートBにおいて、相手役と

一緒に待つ条件を、「規範条件」と呼ぶのかというと、すでに知り合っていた人とは、話をしながら待つのが一般には規範的行動と考えられるためである。

映像を見せたあと、参加者には、研究の準備を待つ間のターゲットの行動について、なぜそうしたふるまいをしたと思うのか回答を求めた。つまり、行動の「原因」についてたずねたのである。

参加者の回答を分析したところ、規範・非規範条件にかかわらず、外向性条件は内向性条件よりも、ターゲットのイメージに合わない非社交的行動を状況によるものと考えていた。内向性条件は外向性条件よりも、ターゲットのイメージに合わない社交的行動を状況によるものと考えていた。また、外向性条件はイメージに合う社交的行動をパーソナリティによるものと考え、内向性条件もイメージに合う非社交的行動をパーソナリティによるものと考えていた。

つまり、待ち時間に、外向的な人が一緒にいる人と話をしないことや、内向的な人が話をするのは状況のせいであり、外向的な人が話をすることや、内向的な人が話をしないことはパーソナリティが原因だと思われていたのだ。

わたしたちは、自分の「信念」に合うように情報を解釈するのである。

面接の担当者は「チームスポーツのリーダー」である応募者が社交的にふるまうと、それは本人の外向的な性格によるものだと思うだろう。

他方、その応募者が緊張したふるまいをすれば、面接の場面という状況がそうさせたのだと思う。だから、応募者に対し、「たまたま今日は緊張していたようだけれども、ふつうの状況なら社交的にふるまうことができる人だ」とみなすのだ。

では、面接の担当者が別の応募者に対して内向的なイメージを持ったらどうだろう。同じように緊張したふるまいをその応募者がしたとしても、さきほどとは違い、今度は性格のせいだと思うかもしれない。

何を予見しますか ――「予測」の段階――

人事面接で重要なことは、応募者が採用されたあとにどのようなパフォーマンスを発揮するのか予測することであろう。こうした「将来の行動の予測」に関しても、さきほどの研究（Kulik, 1983）で検討されている。

参加者は、映像に登場したターゲットが別の状況でどうふるまうのか予測するよう依頼された。その状況とは、次のようなものである。

ターゲットはエレベーターを待っている間に、たぶん知り合いだと思う人に会った。たしかではないが、おそらく以前に会ったことがあると思った。ただし、相手は自分のことがわからないようであった。

ターゲットは、相手に「会ったことがあるか」とたずねるだろうか。参加者はその可能性を回答した。

回答を分析した結果、さきほどの行動の「原因」についてたずねた質問において、外向的ターゲットの非社交的行動・内向的ターゲットの社交的行動、いわばイメージとは不一致な行動を状況によるものと解釈していた参加者ほど、今度はターゲットがパーソナリティのイメージに一致した行動をとるだろうと考えていた。

つまり、「ターゲットは内向的なのに、一緒に実験を受けた人と待たされるという状況のせいで、待ち時間に社交的にふるまったのだ」と思っていた参加者は、今度のシーンでは、知り合いかどうかわからない相手に、自分から「会ったことがあるか」とたずねないだろうと答えたのである。
参加者は、待ち時間におけるイメージと不一致な行動は状況によるものであり、状況の影響がない場合には、ターゲットはイメージと一致する行動をとるだろうと予測していたのだ。**わたしたちは、自分の「信念」に合うように他者の行動を「予測」する**のである。

面接の担当者は「チームスポーツのリーダー」である応募者に対し、採用後も社交的に活動するだろうと予測する。他方、内向的なイメージを抱いた別の応募者に対しては、面接で緊張してしまう性格だから、仕事の場面でもコミュニケーションが苦手だろうと思う。同じ行動でもイメージと一致するように「解釈」され、さらにほかの状況においてもイメージと一致する行動が「予測」されてしまうのである。

ここまで、他者の社会的カテゴリーに関する情報に対し、わたしたちが何らかの「信念」を持っている場合（たとえば、チームスポーツのリーダーは外向的）、その「信念」が相手に関する情報の処理にどのような影響を与えるのか見てきた。情報処理の各段階におけるその影響をまとめると、次のようになる。
「信念」に基づいて「推測」が行われると、それ以上の情報は探索されない。あるいは「信念」に合致する情報が確証的に探索され、「記憶」される。情報は「信念」に合致するように「解釈」されて、「信念」に合致した「予測」が行われる。

「チームスポーツのリーダー」を例に挙げたが、じつは同様の経験を持つ学生が、著者のゼミに所属していたことがある。学生は、いつもよく準備された研究発表をし、また議論の際には鋭い意見を述べていた。課外活動の練習で忙しいなかでも、論文を何本も読み、得られた着想を活かして実験を計画し実施した。

就職活動の時期になり、その学生がわたしに話してくれたのは、「面接ではいつも競技やリーダーの経験のことばかり質問される」ということであった。

もしも勉強や卒業論文のことを面接の担当者がたずねていたら、その学生が研究にも真摯に取り組むことや、多忙な状況でもマルチタスクをこなせること、つまり学生のさまざまな側面についても知ることができただろう。

面接の担当者から、リーダーの経験について質問されているときに、学生自ら「競技活動もがんばっているが、勉強もがんばっている」とは言い出しにくいものだ。

面接においては、応募者1人ひとりに関して多くの情報が示される。応募者の数も多く、処理すべき情報が多いからこそ、採用の可否を決定しようとしたとき、面接の担当者はここで紹介したような「確証バイアス」の影響を受ける可能性がある。
みなさんも人事に関わる面接を担当されたことがあるかもしれない。面接でなくても、他者に対する判断を行った経験があるだろう。そうしたみなさんに、本章の最初にたずねたことを、もう一度質問しよう。

あなたは、自分が「人を見抜けるひと」だと思いますか。

CHAPTER

4

あなたは「人の気持ちがわかるひと」ですか

人は、他者の心的状態をどのように「推論」するか

わたしたちは、他者がどのような人であるのか正確に理解したいと思う。そのため、相手に関する情報を適切に分析しようとする。しかし、わたしたちの情報処理の過程は「信念」の影響を知らず知らずのうちに受けてしまう。CHAPTER3では、この点について紹介した。

それでは、「他者の考えていることや感じていること」についてはどうだろうか。どのくらい正しくわかっているのだろう。

思考や感情、つまり心的状態を「推論」することは、さまざまな場面で重要とされている。たとえば、日常のコミュニケーションにおいて、相手の「気持ちを考える」ことは大切だ。仕事でも、顧客や取引先の「意向をくみとる」ことが必要だといわれる。

じつは、こうしたスキルのトレーニングは、子どもの頃から行われている。国語の授業やテストを思い出してほしい。

物語文に対して「〇〇は、このときどのような気持ちだったと思いますか」とか「なぜ、〇〇はこうした行動をとったと思いますか」というパターンの問題が多かっただろう。登場人物の気持ちや考えの「推論」を求められていたのである。

他者の心的状態の「推論」はどうして重要とされるのだろうか。その理由は、「推論」した内容に応じて、わたしたちが自分のふるまい方を決めるからだろう。たとえば取引先が求めているものを推測して、提案する企画の内容を変える。家ではパートナーの機嫌の悪さを察知して進んで家事をする。「推論」の内容に対応したふるまいが、役に立つ場合は多い。

心的状態の「推論」は、他者との関係において重要であるが、うまくいかないことがある。

たとえばトランプゲームやボードゲームでは相手の戦略を読む必要があるが、読み間違えて負けてしまう。会話をしながら、ほかの人の役割や立場を探るゲームでもよくだまされてしまう。

こうしたゲームの場面ならよいものの、日常生活で「推論」に失敗すれば、いろいろな問題が生じる。取引先のニーズに合わない企画は、いくらプレゼンテーションを頑張ったところで通らない。よかれと思ってしたことでもパートナーにとっては迷惑ならば、相手の機嫌をもっと悪化させる。「推論」の失敗によっては、詐欺などの犯罪被害に遭う可能性もある。

このCHAPTERでは、わたしたちが他者の心的状態をどのように「推論」しているのか、また、なぜ「推論」がうまくいかない場合があるのか、研究を通して見ていこう。

あの人は、そう思うはず ――推論する際の「しろうと理論方略」――

わたしたちは、「特定の社会的カテゴリー」と「特定の特徴」を結びつけていることがある。CHAPTER3で例に挙げた面接の担当者は、「チームスポーツのリーダー」というカテゴリーに対して「外向的」というイメージを持っていた。

実際にチームスポーツのリーダー全員の外向性・内向性の程度が調べられたわけではない。けれども、そうした思い込みは「○○は○○である理論」のように用いられて、応募者に対する判断に影響を与える。他者の心的状態を推論する方法のひとつは、このように単純な**「しろうと理論」**を利用することである。

PART5で詳しく述べるが、「しろうと理論」の利用は必ずしも悪いことではない。けれども、その理論はしばしば情報処理に影響を与え、判断にエラーを生じさせる。

採用した新入社員の経歴（チームスポーツのリーダー）を見て、配属先の上司が「外向的」と思ったとしよう。新入社員のことを「そういうタイプだから、もし仕事で困ったことがあれば自分からいってくるだろう」とか「何も言ってこないのは、うまくこなしているからだろう」と考える。

けれども、その新入社員は、じつは非常に内向的であった。仕事で直面した問題にどう対処したらよいのかわからず、かといって誰にも相談できず、ひとりで思いつめていた。

ある日、突然、その新入社員から「仕事が合わないので辞めます」といわれた上司は驚き、「どうしてもっと早く相談しなかったのか」と相手を責める。本当の問題は、上司がその新入社員の仕事内容や進捗状況を確認して管理職としての責任を果たすべきであったのに、そうしなかったことにある。「しろうと理論」による判断がそれを怠らせたのである。

あの人も、こう思うはず ——推論する際の「シミュレーション方略」——

いきなりだが、次のアンケートに答えてみてほしい。

問1　ご自分について各項目に対しお答えください。
あなたはAとBのどちらですか。

1. A シャイである　　B シャイでない
2. A 茶色いパンが好き　　B 白いパンが好き
3. A 落ち込みやすい　　B 落ち込みにくい

問2　一般的な人について各項目に対しお答えください。
次にあてはまる人の割合はどのくらいだと思いますか。

1. シャイである人　（　）％
2. 茶色いパンが好きな人　（　）％
3. 落ち込みやすい人　（　）％

(Ross et al. 1977 を改変)

これは、ある研究（Ross et al., 1977, Study2）の参加者が答えた質問の一部である（ただし、その研究の参加者は大学生であったので「一般の人」ではなく、「一般の大学生」について実際はたずねている)。

参加者の半数には、最初に「自分」について答えてもらい、次に「一般の学生」について答えてもらった。残りの半数の参加者には、答えてもらう質問の順番を逆にした。

回答を分析したところ、質問の順番にかかわらず、自分についてAと答えた人は、Bと答えた人よりもAのカテゴリーにあてはまる他者の割合を高く見積もっていた。つまり、自分を「シャイだ」と答えた人は、他者の中にも「シャイ」な人が多いと思っていたのである。

わたしたちには、他者が自分と同じように考えたり感じたりすると思う傾向がある。これもバイアスの一種で、**「フォールス・コンセンサス(誤った合意)」**と呼ばれている。判断にこうした影響が生じるのは、他者の心的状態を推測するとき、自分の心的状態を投影するためである。「わたしは○○と思うから、相手も○○と思うだろう」というシミュレーションが行われているのだ。

「シミュレーション方略」はよく用いられるし、その影響は強い。ある研究(Krueger & Clement, 1994)では、「フォールス・コンセンサス」の影響を小さくするために次のことを検討した。

研究では、参加者を4つのグループに分けた。

1番目のグループには、とくに何も伝えずに、40個の質問に対して自分の態度と一般の人の態度の推測を回答してもらった（統制条件）。

2番目のグループには、「人は自分と同じ態度を持つ人が多いと思ってしまう」ことをあらかじめ伝えたうえで、同様の質問に回答してもらった。「バイアス」の存在を最初に教えておいたのである（教育条件）。

3番目のグループには、「他者の態度の推測を回答してもらったあと、正解を示す」ことを伝え、1問ごとに正しい数値を見せた。自分の正確さに対するフィードバックにより、「バイアス」が取り除かれて、判断が徐々に修正されると考えたのである（フィードバック条件）。

4番目のグループは、教育とフィードバックの両方を受けた。

参加者の回答を分析した結果、「バイアス」の存在に対する教育を受けた場合（2番目のグループ）、正確さに対するフィードバックを受けた場合（3番目のグループ）、またそれらの両方を受けた場合でも（4番目のグループ）、結果に違いは見られなかった。これらのグループの参加者は、1番目のグループと同じように、自分の態度を他者の態度に投影していた。こうした傾向は、なかなか修正されないようである。

いま見たように、自分を他者に投影する傾向は頑健だ。そうした傾向があるのには「動機的理由」と「認知的理由」が考えられる。

「動機的理由」とは、自分の態度を、正しくてよいものだと思うことである。これは、自分に対して肯定的な印象を持ちたいという目標に関連している（この点については、のちほどPART3で詳しく説明しよう）。

もう一方の**「認知的理由」とは、自分の心的状態に対する知識を他者にあてはめることが、認知的に負担の少ない便利な方法であるから**、ということである。

他者の心的状態を推測する際、「動機的理由」による影響と「認知的理由」による影響は両方とも生じると考えられる。ただ、状況によっては一方の理由のほうが働きやすいということもあるだろう。

それでは、こうした投影の影響はどのような過程によって生じているだろうか。もしその過程が詳しくわかれば、他者の態度に対して自分の態度を過度に投影してしまうことも避けられるかもしれない。

PART1で説明した「特性推論過程の3段階モデル」（Gilbert, et al., 1988）を思い出してほしい。「自動的過程」である「カテゴリー化」「特性評価」に続く3つめの段階として、統制的な「修正」過程が想定されていた。わたしたちが「シミュレーション方略」を用いる場合にも、このような「自動的過程」と「統制的過程」があると考えられる。

つまり、他者の心的状態を「推論」する際、まず自分の心的状態を基準にして、あとから自分と他者の違いを考慮して修正するのである。この領域では、自動的に基準にすることを「係留（anchoring）」、統制的に修正することを「調整（adjustment）」と呼んでいる。「係留」と「調整」は、もともと判断におけるヒューリスティックス（簡便な方略）のひとつとして論じられたものである（Tversky & Kahneman, 1974）が、このように心的状態の「推論過程」などを説明する際にも用いられている（e.g., Epley et al. 2004）。

「係留」は自動的な過程であるので、意図的にそれを阻止することは難しい。他方、「調整」を適切に行えば、他者の心的状態もうまく推論できそうである。しかしながら、「調整」は十分に行われないことが多く、自分を基準とした判断結果となってしまうのである。

「理論方略」と「シミュレーション方略」の使い分け

では、次のふたつの質問から、それぞれの方略について見ていこう。


問1　次の状況を想像してお答えください。

夏の暑い午後、打ち合わせのため来社した取引先のAさんに、あなたは冷たいペットボトル飲料（緑茶か水）を準備しようとしています。

Aさんはあなたと同世代です。

Aさんに緑茶と水のどちらを用意するでしょうか。


問2　次の状況を想像してお答えください。

夏の暑い午後、打ち合わせのため来社した取引先のAさんに、あなたは冷たいペットボトル飲料（緑茶か水）を準備しようとしています。

Aさんはあなたよりだいぶ年長です。

Aさんに緑茶と水のどちらを用意するでしょうか。

ふたつの状況に対して用意する飲み物が同じ場合も、あるいは違う場合も、どうしてそれを選んだのか考えてみよう。

「自分だったら○○が飲みたいと思うだろう」と考えて選んだのであれば、「シミュレーション方略」が用いられたということだ。**「相手は○○だから○○が飲みたいと思うだろう」と考えて選んだのであれば「理論方略」**が用いられたといえる。

「シミュレーション方略」は、自分と似た相手に対して用いるほうが、自分と似ていない相手に対して用いるよりも妥当だと思われる。さきほどの問1では「同世代」という手がかりがあるだけであった。それでも、「だいぶ年長」の相手に対してよりも自分の嗜好を反映させやすかったのではないだろうか。

他者の心的状態を推論する際、わたしたちはどちらの方略も利用するが、**自分と似ている相手には「シミュレーション方略」、似ていない相手には「理論方略」を用いやすい。**この点について検討した研究（Ames, 2004）を紹介しよう。なお、研究では少し複雑な手続きが用いられている。6つのステップの内容については、図5を参照していただきたい。

1. 状況に対する自分の態度
（協調性や外向性）
↓
2. ターゲットのグループ情報
（経営学 or 社会福祉学 or 図書館学）
↓
3. 状況に対するターゲットグループの態度推測
（協調性や外向性）
↓
4. 参加者の好み
↓
5. ターゲットの好み
（類似 or 非類似）
↓
6. ターゲットのパズル映像
ターゲットの心的状態推論

（Ames, 2004より作成）

図5. 研究の手続き

研究では、参加者（大学生）に「あるグループに所属する人とペアを組んでパズルを解いてもらう」と告げ、1番目のステップとして、そうした状況に対してどう思うか8つの項目でたずねた。質問は「わたしは相手に楽しんでもらいたい」など協調性に関わる内容、また「わたしは、はじめての人と会うのは緊張する」など外向性に関わる内容であった。参加者には各項目に対し、どの程度自分がそう思うのか解答してもらった。

2番目のステップとして、参加者に相手のグループについて次の3つのいずれかを伝えた。経営学コースの院生、社会福祉学コースの院生、図書館学コースの院生である。じつは別の調査によって、各コースに対する「ステレオタイプ」が確認されていた。経営学コースは協調性が低く外向性が高い。社会福祉学コースは協調性が高く外向性は中程度、図書館学コースは協調性が中程度で外向性は低～中程度、というものである。

3番目のステップでは、参加者に相手のグループの人たちだったら、さきほどの8つの項目に対し、どう答えると思うか解答を求めた（たとえば「彼らは相手に楽しんでもらいたいだろう」など）。

4番目のステップとして、参加者自身の好みに関する3つの質問に「はい」「いいえ」のいずれかで解答してもらった（たとえば「スポーツ観戦が好きですか」など）。

5番目のステップとして、ペアの相手（ターゲット）のことを紹介した。その際、ターゲットが3つの質問すべてに参加者と同じ解答をしている（類似条件）、もしくはすべてに参加者と違う回答をしている（非類似条件）ことを伝えた。

6番目のステップでは、ターゲットがほかの人と論理パズルに従事しているシーンの映像を見せ、そのときの心的状態を推論させた。このときも、質問はさきほどと同様の8項目であった（たとえば「彼は相手に楽しんでもらいたかった」など）。

ターゲットの心的状態に対する推論（6番目のステップ）について分析したところ、状況に対する自分の態度（1番目のステップ）の投影は、非類似条件よりも類似条件において行われていた（シミュレーション方略）。つまり、**ターゲットが自分に似ているときは、ターゲットの態度を自分と同じだと推測した**のである。

対照的に、ターゲットの所属する集団に対するステレオタイプ（3番目のステップ）は、類似条件においてよりも非類似条件において用いられていた（理論方略）。**ターゲットが自分に似ていないときは、ターゲットのステレオタイプにそってその態度を推測した**のである。

やはり、わたしたちは両方の方略を「推論」に利用しており、ターゲットが自分と似ていると思う程度に応じてそれらを使い分けているようである。

「わかった」と思うことの影響

ここまで、わたしたちがどのように他者の心的状態を「推論」しているのか説明した。どうやら相手によって、ふたつの方略を使い分けているようだ。ただし、人の気持ちをわかろうとしていることと、実際にわかっているかどうかということは、別の問題である。

すでに述べたように、「理論方略」ではステレオタイプが使われて判断にエラーが生じることがある。「シミュレーション方略」を使った場合も、自分を基準にしたあとの修正が不足する。それにもかかわらず、わたしたちは自分が他者の気持ちがわかっているように思う。

「わかった」と思うことは、ほかの場面における「推論」にどのような影響を与えるのだろう。**わたしたちは、判断した内容と一致する方向に相手の気持ちを読み取ってしまう。**

さきほど例に挙げた上司の例を思い出してほしい。上司は「理論方略」を使って新入社員を「外向的」であると判断した。そして「何も言ってこない」という部下の行動を、「思った通り外向的で、仕事がうまくこなせている」ことの証拠とみなしていた。相手を「わかった」と思っていたし、「わかった」ことにそって相手の行動を解釈していたのである。

確証することで、「しろうと理論（チームスポーツのリーダーは外向的である）」がますます正しいものに思えてくる。そうすると、ほかの場面でも、きっと相手は「チームスポーツのリーダー」らしく外向的に考えたり感じたりすると思うのだ。

「シミュレーション方略」を使った場合はどうだろうか。「同世代」のAさんに冷たい飲み物を出す際、自分と同じような気持ちであると推論する。そして相手の行動をやはり判断と一致する方向で解釈する。
同世代のAさんは、あなたが自分の好みで選んだペットボトル飲料を喜んでくれた。やっぱり、こちらを選んで正解であったとあなたは思う（もう一方の飲料を渡しても、きっと喜んでくれただろう。けれども、そういうケースについては考えが及ばない）。もともと似ていると思った相手だが、やはり自分と同じ気持ちであったと「わかった」ら、相手をさらに自分と似ていると思うようになる。
そうすると、ほかの場面でも相手は自分と同じように考えたり感じたりすると思う。Aさんに取引の提案をするときには、自分だったら何を提案されたいと思うのかに基づいて企画書を作成するのだ。

このように、「シミュレーション方略」「理論方略」のどちらの方略を用いた場合でも、「わかった」と思うと、ほかの場面でもその方略を用いて推論する可能性がある。その結果、わたしたちの推論は、相手の考えや感情からどんどんずれていくのである。

また、「わかった」と思うことは、推論した相手だけではなく、ほかの人に対しても同様の方略を用いることにつながる。その相手が別の「チームスポーツのリーダー」であっても、

「理論方略」を用いて推論する。また別の「同世代の人」であっても、「シミュレーション方略」を用いて推論する。

こうした「推論」を重ねることによって、わたしたちは、自分とは違う人たち（外集団）に対しては極端にステレオタイプ化し、自分と同じ人たち（内集団）に対しては実際以上に感情の共有を知覚するようになるのかもしれない。このことが、外集団成員を遠ざけて、内集団成員には近づく、というわたしたちの傾向をさらに強めていくのだろう。

CHAPTER

5

あなたはどうして「その人が好き」なのですか

人が好意を持つときの「思考のくせ」

人が他者に好意を持つ際には、じつは「思考のくせ」が働いている。まず、次の質問に答えてほしい。

問　友人を2～3人思い浮かべてほしい。
次に、それぞれの人に対して、あなたはなぜ好意を持つようになったか考えてみよう。

友人に好意を持つようになったことに対して、おそらくいくつかの理由が挙げられただろう。

他者への好意とは、相手に向けた一方向の感情や態度であるかのように思われるかもしれない。たしかに有名人などに対する「ファン」としての好意は、自分が始点で相手が終点となる一方向のベクトルで表現できる。しかし、わたしたちが誰かと知り合って親しい関係を結ぶ場合には、自分と相手の両方に関わる理由が存在することもある。

さきほどの友人に関する質問に、たとえば「すてきな人だから」などの理由を挙げた方は、どうして自分がその友人をすてきだと思ったのか考えてみよう。また「気が合うから」などの理由を挙げた方は、なぜ気が合うことが重要であるのか考えてみてほしい。

なお「好意」といっても、いろいろな内容がある。このＣＨＡＰＴＥＲでは、その意味を広くとらえて、親しみや友情、愛情、尊敬などを含むものと考えていく。

美しい人を好きになる ――身体的魅力――

わたしたちは、容姿が整った人を好ましく感じる。そして、ほかの人も容姿が整った人を好んでいることを知っている。さまざまな場面で美しい人が得をするのを見ているからだ。

「身体的魅力（physical attractiveness）」が好意に及ぼす影響については、多くの研究が行われてきた。その中には異性間の好意を取り上げたものも多い。大学の新入生を対象に行われた研究（Walster et al., 1966）を紹介しよう。

研究は大学の歓迎行事を舞台として、未知の相手とデートをすること、つまりブラインド・デートの状況で実施された。

参加者に自分の趣味やパーソナリティなどの情報を入力するように依頼し、その情報に基づいて相手をマッチングすると告げた。そして、「どのような相手とデートしたいか」という回答を求めた。つまり、デートの相手に対する期待をたずねたのである。なお、本人たちは知らなかったのだが、彼らの身体的魅力を実験の協力者（4名の上級生）が評定していた。

2日後、参加者はランダムにペアにされた相手とダンス・パーティーに参加し（参加しなかった人たちもいた）、相手に対する好意度や、また相手とデートしたいかなどの質問に回答した。デート前の期待について分析したところ、身体的魅力の高い参加者ほど、相手に対しても魅力が高いことを期待していた。ただし、デート後の評価について分析すると、本人の身体的魅力の程度とは関係なく、相手の身体的魅力が好意や今後のデート意図に影響を与えていた。参加者たちは、相手の身体的魅力が高いから好意を持ったのである。

身体的魅力の高い人が好まれる理由のひとつは、**『美は徳』ステレオタイプ**（"what is beautiful is good" stereotype, Dion et al., 1972）のためと考えられる。**美しい人は、社会的に望ましいパーソナリティを持っていると、わたしたちは推論する**のである。

ある研究（Dion et al., 1972）では、参加者に3名の人物の写真（魅力の程度が高・中・低）を見せて、それぞれの人のパーソナリティ、将来の生活や幸福の程度などについて回答を求めた。さらに、社会的地位の異なるさまざまな職業に、3人のうちどの人物が就くのか考えて選択してもらった。

参加者の回答を分析したところ、ターゲットの性別にかかわらず、身体的魅力の程度の高い人は望ましいパーソナリティを持っていて、将来もよい生活を送ると考えられていた。これは、「美は徳」という「信念」のためといえる。

なお、対象が子どもの場合でもこうした「信念」の影響が見られるようだ。メタ分析を行った研究（Langlois et al., 2000）では、成人の場合と同様に、身体的魅力が高い子どもは能力が高く評価されること、肯定的に扱われること、人気があること、適応的と思われることなどが明らかになっている。

それでは、どのようにしてわたしたちは身体的魅力に関わる「信念」を持つようになったのだろう。この点については、ふたつのプロセスが挙げられている（Eagly et al., 1991）。

ひとつは、魅力的な人とそうでない人の社会的状況に対する観察だ。わたしたちは観察を通じて、魅力的な人のほうが、他者からよい反応を受けていることを知るようになる。

もうひとつは、魅力的な人とそうでない人の文化的表象への接触である。子ども向けの絵本でもアニメでも、ヒーローやヒロインは美しく、敵や魔女は醜い。

この研究も、76の研究の結果をメタ分析して、身体的魅力に関わるステレオタイプがパーソナリティの判断に対して中程度の影響を持つことを確認した。また、次のことも明らかにしている。ステレオタイプの影響は、とくに「社会的能力（コンピテンス）」に対して強い。

つまり、**わたしたちは、身体的魅力の高い人を見ると、その人の「コンピテンス」を高く判断する**のである。

「コンピテンス」という言葉を、人事採用や人材育成の場面で聞いたことがあるかもしれない。「コンピテンス」は社会で必要とされる能力のことで、他者とのコミュニケーションや協調において重要なものだ。この能力を実践できる行動指針や行動特性を「コンピテンシー」という。

近年、日本企業の人材活用の場面でも「コンピテンシー」の指標化が行われるようになってきた。こうした場面において、さきほど紹介した研究の結果はどのような意味を持つのだろう。採用面接を例に考えてみよう。

面接の担当者は、「コンピテンシー」に対する質問を通じて、応募者の「コンピテンス」の程度を把握しようとする。「コンピテンス」の高さが、組織における活躍や組織に対する貢献を予測すると考えているからだ。

面接の際、もし身体的魅力の高い応募者がいたらどうなるだろう。もしかすると面接の担当者は、その応募者の「コンピテンス」を、実際よりも高く評価するかもしれない。また、複数の応募者がいるときには、身体的魅力の高い応募者の「コンピテンス」を高く、身体的魅力の低い応募者の「コンピテンス」を低く評価してしまうかもしれない。

なお、**ある特徴的な次元における評価が、ほかの次元の評価にも影響を与えることがある。**この現象が組織において見られることを論じた研究では、**「普遍的な後光の誤り（the constant error of the "halo"）」**と表現した（Thorndike, 1920）。一般的には**「ハロー効果」**として有名な「バイアス」である。

たとえば、ある人に「勤勉」という肯定的な特徴があると、知性も高く見られ、その人に対して全体的に肯定的印象が持たれるようになる。全体の印象は肯定的な方向にゆがむこともあれば、否定的な方向にゆがむこともある。身体的魅力によってほかの側面が肯定的に思われることも、「ハロー効果」のひとつと考えられる。

似ている人を好きになる　——態度の類似性——

わたしたちは、自分に似た人を好ましく感じる。「気が合う」と思う相手、つまり考え方や価値観が似た相手に好意を持つ。同じ態度を持つ人がいるということによって、自分の態度の正しさを確認できるからだろう。

相手が似ていれば似ているほど好意も大きくなる。このことについて検討した研究（Byrne & Nelson, 1965）を紹介しよう。

研究では、参加者にさまざまな問題に対する態度を答えてもらった。その際の質問数は、参加者によって異なっていた（4問から48問の範囲）。

次に、別の人（ターゲット）の回答を参加者に示した。ただし、その内容は参加者の回答に似せて作成されたものであり、類似度の割合は１００％、67％、50％、33％のいずれかだった。回答を示したあと、参加者にはターゲットの知性や魅力等について評定してもらった。

結果を分析したところ、問題数にかかわらず、回答が類似している割合が大きいほどターゲットの魅力が高く評定されていた。態度の類似度が高いと好意も高いということである。

この研究は、架空のターゲットに対して評定をしてもらったものである。そのため、ターゲットとの「類似度の知覚」と「好意」の関係を示したものといえるが、「相互作用の相手に対する評定」を検討した研究でも、「類似度」と「好意」の関係が認められている。

メタ分析を行った研究（Montoya et al., 2008）では、パーソナリティや態度における類似度と、相手に対する魅力の評定には強い関連があった。

さて、ここまで「類似性の影響」について見てきたが、もしかすると、「自分とは反対の性格の人と仲がよい」という方もいるかもしれない。**自分にないものを持っている人に対しても、わたしたちは魅力を感じる場合がある。**「相補性」による好意である。

こうした傾向については配偶者の選択という文脈で検討されることがある（Winch et al., 1954）。研究の対象者は結婚して2年以内、子どもがいないカップルであった。配偶者に望むパーソナリティをたずねたところ、自分のパーソナリティとは反対のものであることがわかった。

「相補性による好意」は、お互いの役割分担が必要な状況や、目標が設定されている状況において生じやすい。問題解決のためのコミュニケーションの場面を扱った研究（Dryer & Horowitz, 1997）を紹介しよう。

研究の参加者は女性であった。参加者には、別の女性（実際は実験の協力者）と対人関係に関する問題について話し合うよう依頼した。話し合う際には、実験の協力者は主導的もしくは従順的いずれかのコミュニケーションスタイルを演じた。なお、あらかじめ参加者のスタイルも測定されていた。

「コミュニケーションに対する参加者の満足度」を検討したところ、参加者自身のスタイルとは反対のスタイルで相手から応答された場合に満足感が高かった。相互作用が必要な状況では、こうした「相補性の効果」が見られるようである。ただし、この研究の参加者はその点を自覚してはいなかったようだ。

研究では、参加者に「相手のコミュニケーションスタイル」について評定を求めていた。この評定を分析したところ、コミュニケーションに満足している参加者は、「相手のスタイルが自分に似ている」と回答していたのである。

実際には反対のスタイルで応答されて満足していたにもかかわらず、満足して相手を好ましく思ったことが、類似性の知覚を高めていたのである。「好ましい人だから、私と似ているのだろう」という認知だ。**わたしたちは、似ている他者を好きになるだけではなく、好きな人だから似ていると思うこともあるのかもしれない。**

わたしたちの日常生活においても、「類似性の影響」はよく見られそうである。

自分の部下が、仕事に対して自分と同じような取り組み方をしていれば好ましく思うだろう。もしかしたら、同じ学校の出身とか趣味が一緒というだけでも、その部下を肯定的に評価してしまうかもしれない。

部下もそうした「類似性の効果」を知っていて、上司との共通点を強調したり、さらには上司と話を合わせたりすることもありそうだ。

よく見かける人を好きになる ――熟知性――

わたしたちは、近くにいる人に好意を持つことがある。近所に住んでいるとか、同じ部署に所属していると、顔を合わせる機会も多い。学校の席が近いことも友人となるきっかけとなる。この点について検討した研究（Segal, 1974）を紹介しよう。

研究は警察学校で実施された。44名の男性訓練生は、訓練開始から約6週間たった時期に、3人の親しい友人の名前を書くように依頼された。30名が少なくともひとりは警察学校の友人の名を書き、全体では学校から65人の名前が挙がった。

友人の名前を書いた人と、書かれた人の関係を見ると、名字のアルファベット順が近いことがわかった。じつは、この学校では名前順に部屋の割り当てやクラスの席が決められていた。部屋や席が近いから、訓練生どうしで親しくなったのである。

近くにいる相手とは、相互作用するためのコストが小さい。コストが小さければ接触の機会も多くなって相手のことをよく知ることができる。ただ、相手のことをよく知る前から、わたしたちは、すでに相手に対する肯定的感情を持っている可能性もある。**よく見かけるだけで、好意が生じることもある**のだ。このことを次に見ていこう。

人が判断対象に複数回接触すると、その対象に対して肯定的態度が生じることがある。この現象は**「単純接触効果」**（Zajonc, 1968）と呼ばれている。

この現象の理由についてはいろいろと検討されているが、よく挙げられるのは**「対象の処理効率が高まり、生じた親近感が対象の好ましさに誤帰属される」**ということである（Bornstein & D'Agostino, 1992）。これを日常的な例で説明しよう。

通勤の朝、自宅近くのバス停でいつも同じ人たちとバスを待つことを想像してほしい。そこに、見たことのない人が来たら「この人は誰だろう？」と思う。「通勤時間が変わったのかな？」とか「近所に引っ越してきたのかな？」といろいろ考える。新奇な対象に対しては、情報処理をする必要がある。もしかすると危険な相手かもしれないからだ。

それに対して、見慣れた対象に対してはいちいち考える必要はない。バス停でいつも見る人が今朝もバスを待っている。「今日もいるな」とは思うかもしれないが、それ以上のことは考えない。いつも通りであれば、さらに情報処理をする必要がないのだ。

このようなスムーズな処理は「ポジティブな感じ」を生じさせる。「ポジティブな感じ」は処理がラクなことから生じている。けれども、わたしたちはそれが判断対象自体から生じていると勘違いしてしまう。これが、さきほど紹介した「誤帰属のメカニズム」である。こうした「よく見かける」効果を検討した研究（Moreland & Beach, 1992）を紹介しよう。

研究は、大学の授業を舞台として実施された。授業の受講者は学期末に4名の人物（ターゲットたち）の写真を見て、熟知度、魅力、そしてその人と自分の類似度などについて回答を求められた。

じつは学期中に実施された40回の授業に、3名のターゲットは受講生のふりをして何回か参加していた。その回数はターゲットによって違っており、5回、10回、15回であった。1名は一度も参加していなかった。

ターゲットに対する受講生の評価を分析したところ、ターゲットを見た回数が多いほど、相手に対して魅力を感じて、その人をよく知っていると思ったり（熟知感）、自分と似ていると思ったりしていることがわかった。

わたしたちは、実際に話したり一緒にすごしたりすることがなくても、その人を何回か見るだけで、相手のことを知っていて、好ましいと思うのである。

こうした研究の知見を知ると、営業担当者が取引先を何度も訪問することや、ときにはオフィスを離れて会食の機会を設けることも理解できそうだ。接触の機会を増やすことで、担当者は取引先にとって「顔なじみ」の存在になることを狙っているのである。

わたしたちは誰かを好きになるとき、その人の魅力が大きいから相手を好きになるのだと思う。たしかにその通りではあるが、なぜ、その人の魅力を大きく感じるのか考えてほしい。好意を持つのは、あなたの信念に合うから（美は徳）、あなたと相手が似ているから、そしてあなたが相手になじんでいるから、といった理由によるのかもしれない。すなわち、誰かを好きになることは、あなた自身が関わっているのだ。

このように、他者に対する好意にも「自分」が影響を与えている。他者に関するコミュニケーションにも、「自分」の影響は見られるはずである。CHAPTER6では、このことについて考えていこう。

CHAPTER

6

あなたは、「その人のこと」をほかの人にどう伝えていますか

他者と「その人」の印象を共有するときに、何が起こるのか

わたしたちは、ある人について知っていることや、その人に対して思ったことを、ほかの人に話すことがある。

自分の部署に配属になった新入社員Aさんの指導を、あなたが担当することになったとしよう。上司に「Aさんはどのような感じ?」とたずねられたら、その人について報告するだろう。

ただしそのとき、Aさんの様子やあなた自身の感想をすべて話すわけではない。多くの情

報の中から、上司に自分が伝えるべきだと思うことや、伝えたいと思ったことを選んで話す。このときの情報の選択を、わたしたちは意図的に行う場合もあるし、意識せずに行っている場合もある。

ここでは「他者に関するコミュニケーションの過程」に注目して、わたしたちが周囲の人たちと、どのように人の印象を共有していくのか考えよう。

空気を読んで話す ――聞き手へのチューニング――

ミーティングについて部署のメンバーに連絡するとき、「いつもの会議室で行う」といえるのは、メンバーが「いつもの会議室」を知っている場合である。相手が配属されたばかりの新入社員であったらどうだろう。おそらく会議室の場所について、詳細に教えようとするだろう。

この例でわかるように、会話においては「共通基盤（common ground）」が必要である。「共通基盤」とは、お互いが共有していると思う知識や信念、想定である（Clark et al., 1983）。いまの例では、「会議室に対する知識」が共通基盤となる。

それでは、次の場合はどうだろう。取引先に提案した企画について、同僚に「例の企画、無事に通ったよ」という。このときも「例の企画」に対する知識が共通基盤として必要だ。ただし、この場合はそれだけではない。

なぜ、そうした情報を同僚に伝えるのか考えてほしい。その企画が「無事に通った」ことが、相手にとって重要な情報だと思うから、報告をするのである。たとえば、ともに取り組んだ企画であるから、相手も喜ぶだろうと思って伝えるような場合である。もし、相手がこの件に対して無関心ならば、伝える必要はない。

わたしたちは聞き手の態度を推測し、それに応じて伝える内容を「調整（チューニング）」することがある。

聞き手に対する「チューニング」は、第三者に関する情報伝達の際にも行われる。その第三者のことを聞き手はどう思っているのか、わたしたちは考えて話すのである。こうした「チューニング」について検討した研究（Higgins & Rholes, 1978）を紹介しよう。

研究では、まず参加者（大学生）に、相手役としてひとりの学生（実際は実験の協力者）を紹介した。そして、その学生と同じグループのある人物（ターゲット）に関する文章を読んでもらい、ターゲットの印象を相手に伝えるように依頼した。伝えられた内容から相手役はターゲットが誰なのか判断するということだった。

こうした課題について説明したあと、参加者にターゲットに関する文章を渡した。その際、半数の参加者には、「じつは相手役の学生がターゲットのことを好んでいる」と告げた。残り半数の参加者には、「相手役の学生がターゲットのことを嫌っている」と告げた。

参加者が読む文章には、ターゲットの情報が12個記述されていたが、そのうち4つは望ましいパーソナリティに関わる情報、4つは望ましくないパーソナリティに関わる情報であった。残り4つは、どちらとも解釈できる情報であった。どちらとも解釈できるというのは、その情報からターゲットを肯定的に「忍耐強い」とも、否定的に「頑固」とも判断できるような内容ということである。

文章を読んでもらったあと、ターゲットの人物がどのような人なのか、性格についても考えて、相手役に伝える説明の記述を参加者に依頼した。

参加者の記述内容を分析したところ、「相手役がターゲットを好んでいる」と告げられていた条件では、望ましい情報、望ましくない情報とも、肯定的な方向にゆがめられていた。また、どちらとも解釈できる情報は肯定的にとらえられていた。他方、「相手役がターゲットを嫌っている」と伝えられていた条件では、情報が否定的な方向にゆがめられていた。

参加者は相手役に伝える情報を、ターゲットに対する相手役の好悪に合わせてチューニングしていたのである。

このことは、わたしたちが話をするとき、空気を読んで相手に合わせることを示唆している。さきほどの例で、上司から新入社員Aさんの様子をたずねられたとき、もし上司がAさんのことを気に入っていたら、Aさんについて肯定的に伝えようとするかもしれない。その際、上司の態度が実際にどうであるかよりも、上司が気に入っているとわたしたちが思うことが重要なのである。

自分でもそう思えてくる　――自分が言ったことを信じる――

わたしたちが相手の態度に「チューニング」することはわかった。それでは、わたしたちは、ただ相手に調子よく合わせているだけなのだろうか。それとも、そうしたコミュニケーションは自分自身にも何か影響を与えるのだろうか。じつは、後者の可能性が示されている。

自分自身も、伝えた内容に一致する態度を持つようになるのである。

さきほど紹介した研究（Higgins & Rholes, 1978）には続きがあった。研究では、伝達内容の記述後、参加者にターゲットの望ましさを評定してもらっていた。また、ターゲットの情報をできるだけ正確に思い出して書いてもらっていた。これらの課題を行ってもらうタイミングは、伝達内容を記述する直後、もしくは12～15日後のいずれかであった。

ターゲットの評定や記憶の結果を分析したところ、どちらも相手役の態度と一致する方向にゆがんでいた。つまり、参加者自身の態度も記憶も、自分が伝達した内容にそってつくられていたのである。また、記憶に対する影響は、直後よりも時間が経つと、より大きくなることもわかった。なお、これらの効果は、参加者が相手役に伝える説明を記述した場合にだけ生じることも、研究によって明らかにされている。

「Seeing is believing」という決まり文句がある。「百聞は一見に如《し》かず」と訳されることが多い。自分で見たものの存在やそのたしかさを、（実際にはどうであるかは関係なく）わたしたちは信じる、ということを意味している。

さきほど紹介した研究（Higgins & Rholes, 1978）のタイトルは、それをもじったもので、

「Saying is believing」という。まさに、「言ったことを信じる」というわたしたちの傾向を示した研究といえる。

新入社員Aさんのことをおそらく気に入っているだろう上司に、あなたがAさんの様子をほめて伝えたとしよう。そうした説明によって、あなた自身もAさんを好意的に見るようになるかもしれない。また、あとで振り返ったときには、Aさんの行動の中から望ましいことがよく思い出される可能性がある。

なぜ、わたしたちは「自分の理解」を他者と共有しようとするのか

いま紹介した現象は、**わたしたちが相手に「チューニング」して伝えることによって、自分も相手と同じ態度を持つ**というものである。つまり、「相手の態度との共有を経験する過程」といえる。

他者と同じ経験をしているという「共有されたリアリティ（shared reality）」を通じ、わた

したちは世界に対する自分の理解が、信頼できて妥当なものだと思う（Hardin & Higgins, 1996）。また、**他者と結びついているという感覚を得る**（Echterhoff & Higgins, 2018）。そのため、「重要な他者」と理解を共有することは、わたしたちにとってとくに大切なことである。また、自分が所属する集団における理解を共有していることも大切である。

上司ばかりでなく、部署の同僚たちも新入社員のAさんを望ましい人であると思っているのに、もしも、自分だけそう思えないとしたらどうだろう。自分には「人を見る目」がないのかと思ったり、自分が周りから「浮いている」ように感じたりするかもしれない。だから、わたしたちは空気を読むように動機づけられてしまう。新入社員Aさんに対して持つ印象は、このようにしてつくられたものである可能性がある。わたしたちは、「共有されたことを信じている（Sharing is believing）」（Higgins, 2018）だけなのかもしれない。

「伝え方」で、その人に対する印象を他者と共有する

「聞き手の理解」を共有することと同様、わたしたちは「自分の理解」を他者にも共有してもらおうとする。また、新入社員のAさんの例で考えてみよう。

Aさんは、指導を担当するあなたに、仕事の進め方を何回もたずねてくる。Aさんのことをよく知らない同僚に、Aさんのこの状況について説明するとしたら、あなたはどのようにいうだろうか。

もしも、あなたがAさんのことを好ましく思っているなら、「Aさんは早く仕事をおぼえようとしている」というかもしれない。もっとシンプルに「とてもやる気がある」とか「熱心だ」という可能性もある。

けれども、Aさんのことをよく思っていなかったら、「Aさんは何度も質問してくる」という。これらの表現で異なるのは、行為の説明における抽象度である。

「質問をする」という表現は、具体的な行為の記述である。それに対して「仕事をおぼえようとする」という表現には、あなたの解釈が加わっている。さらに「やる気がある」というのは、あなたの解釈を加えたAさんの状態を示すものである。もっと抽象的に「熱心な」と表現するなら、それはAさんの安定的な傾向である。このように、**わたしたちはターゲットの行為を説明するときに、表現を使い分けている**のである（Semin & Fiedler, 1988）。

こうした使い分けは、ターゲットに対する認知を、聞き手と共有しようとする動機から生じていると考えられる。ターゲットが好きか嫌いかによって、表現が変わることについて検討した研究（Maas et al. 1995）を紹介しよう。

参加者に、登場人物が望ましい行動をしている1コマ漫画を3つ（たとえば、リサイクル）、もしくは望ましくない行動をしている1コマ漫画を3つ（たとえば、並んでいる列への割り込み）のいずれかを示した。

漫画を見せる際、半数の参加者には、登場人物を「親友」と思って見ることを依頼し、残り半数の参加者には「一番嫌いな人」と思って見ることを依頼した。そして、それぞれの漫画に対して4つの選択肢を示し、エピソードをもっともよく表している項目を選択してもらった。

この4つの選択肢の表現は抽象度のレベルが異なっていて、参加者が選んだ項目によって、登場人物の行動をどのレベルでとらえているかわかるのである。

参加者の選択を分析したところ、登場人物が「嫌いな人」だと、「親友」の場合よりも望ましくない行動に対して抽象的表現が選択されていた。また、そうした「嫌いな人」の望ましくない行動に対しては、望ましい行動に対してよりも抽象的表現が選択されていた。

この結果を、たとえば「並んでいる列への割り込み」で説明すると次のようになる。

嫌いな人の「割り込み」について表現するときは、「ずるい」とか「周りに迷惑をかけた」と抽象的にいう。しかし、親友の場合だと「列に割って入った」と具体的にいう。

また、嫌いな人の「割り込み」に対しては「ずるい」と抽象的にいうのに、「リサイクル」に対しては「ごみを分別した」などと具体的にいうのだ。

このようにして、**わたしたちは嫌いな人が望ましくないことをするのは、本人の安定的なパーソナリティのせいであり、望ましい行為は一時的でたまたま生じたことだ、ということを表現する**のである。ただ、自分ではそうしていることを意識していないかもしれない。

「期待通りの行動」の説明が聞き手に何をもたらすのか ——言語期待バイアスの影響——

いま説明した現象は、**「言語期待バイアス (linguistic expectancy bias)」**と呼ばれている（Wigboldus et al., 2000）。なぜ「期待」という名前がついているのかというと、**わたしたちがターゲットに「期待する」行動、たとえば親友の望ましい行動や、嫌いな人の望ましくない**

行動を、抽象的に表現することを指すからだ。

「言語期待バイアス」の影響は、ターゲット人物の説明に見られるだけではない。話し手による説明は、ターゲットに対する聞き手の認知にも影響を与えることがある。このことを示した研究（Wigboldus et al., 2006）を紹介しよう。

研究では、参加者（送り手役）に、自分の友人（ターゲット）について考えるよう依頼した。そしてターゲットのエピソードを別の参加者に伝えるとして、2種類の記述を求めた。ひとつはターゲットの「期待通りの行動」、もうひとつは「期待と違う行動」に関するエピソードである。研究では、別の参加者（受け手役）にその記述のどちらか一方を示し、その行動がターゲットのパーソナリティによるものか、状況によるものか判断するように依頼した。

まず、送り手役の参加者の記述を分析したところ、ターゲットに「期待される行動」のほうが、「期待されない行動」よりも抽象的に表現されていた。この結果は、「言語期待バイアス」が生じたことを示すものである。

次に、受け手役の参加者の判断を分析したところ、ターゲットに「期待される行動」のほうが、「期待されない行動」よりも、パーソナリティによるものと回答されていた。受け手は、送り手によって抽象的に説明された行動を、そうでない行動よりも、ターゲットの安定的な傾向としてとらえたのである。

新入社員Aさんの例で考えてみよう。あなたは、好ましいAさんについて同僚に説明するとき、Aさんが何度も質問をしてくることを「仕事を早くおぼえようとしている」といった。すると同僚は、その抽象的な説明から、Aさんの「熱心な」パーソナリティを読み取るのだ。その結果、あなたの好意的態度が、同僚にも共有される。

このように、**わたしたちはその人について説明をすることで、その人に対する印象をほかの人と共有していく**のである。

PART
3

「自分」の印象はどのようにつくられるのか

CHAPTER

7 あなたは「自分」をどう見ていますか

「自分に関する知識」はどれくらいありますか

PART2では、「他者」の印象について考えた。今度は「自分自身」の印象について考えてみよう。

まず「わたしは、○○である」という文章を10個書いてみてほしい。思いつく順番に書いていただければよく、またひとつひとつの文章は短くて構わない。

書かれた文章を読み返してみよう。○○に入った内容は、あなたが自分に対して持つ知識で、「自己概念」と呼ばれるものである。

書いていただいたように、私たちは自分自身に対して豊富な自己知識を持っている。とくに記憶の中で意味ごとにまとめられ（体制化）、保持されている知識を「自己スキーマ」と呼ぶ。スキーマに関してはPART1でも紹介した。「自己スキーマ」は認知の枠組みとして働き、自分に関連する情報の理解を可能にする。具体的に考えてみよう。

あなたは、次の問いにどう答えるだろうか。

問　自分のことをまじめだと思いますか。
「はい」もしくは「いいえ」で答えてください。

このとき、すぐに「はい」と答えた方は、「まじめ」という「自己スキーマ」を持っている。「まじめ」な性格を表すエピソードが多かったり、「まじめ」だと他者からいわれたことが多かったりするのだろう。

このように、対応する知識が豊富で、その知識に対する「接近可能性」が高いと、すぐに「はい」とあてはまり判断がなされたと思う。「接近可能性」とは、アクセスが容易であるということだ。

あるいは、あなたはすぐに「いいえ」と答えただろうか。その場合は、反対の内容に対する知識が豊富で、その知識に対する「接近可能性」が高いのだ。

「はい」か「いいえ」の答えに時間がかかった方は、「まじめ」に関連する自己知識が豊富でないか、知識は豊富にあったとしても、それらに対しての「接近可能性」が低いのだろう。

「わたしは、○○である」という文章のうち、最初に書かれた「○○」が、いまのあなたにとっておそらくもっとも接近可能な自己概念である。さて、あなたは何と書いただろうか。

「自己スキーマ」の働き

「他考の印象判断」における自己スキーマの働き

さきほど見たように、**「自己スキーマ」に関連した単語があてはまるかどうかの判断はすばやく行われる**（Markus, 1977）。さらに、他者を判断するときにも、じつはわたしたちは「自己スキーマ」を用いている。**自分を「まじめ」だと思っている人は、他者を判断する際**

に、相手が「まじめ」かどうかで判断しやすいということだ。このことに関して検討した研究（Fong & Markus, 1982）を紹介しよう。

この研究では、あらかじめ参加者に自分に関する質問に回答してもらっており、参加者は自分のことを「外向的」「内向的」「どちらでもない」と答えていた。それぞれを「外向的群」「内向的群」「どちらでもない群」と呼ぼう。

参加者を6人ずつのグループにして、ひとりずつ区切られたスペースに入るように依頼した。そして26項目の質問を渡し、お互いを知るために、たずねたい質問を12項目だけ選択するように告げた。

26項目のうち11項目は外向性に関する質問であった。たとえば「あなたは、どのような状況でもっとも外向的でフレンドリーになりますか」などの内容である。また、10項目は内向性に関する質問であった。「ほかの人と打ち解けるのを難しくさせている原因は何だと思いますか」などの内容である。残りの5項目はそのどちらでもないニュートラルな質問であり、「どのようなチャリティに貢献したいですか」などの内容であった。

参加者が選択した質問を確認したところ、外向性に関する質問をもっとも多く選択したのは、自分を外向的だと答えた「外向的群」であった。「内向的群」と「どちらでもない群」が選択した数には差がなかった。内向性に関する質問をもっとも多く選択したのは「内向的群」であり、「外向的群」と「どちらでもない群」が選択した数には差がなかった。ニュートラルな質問をもっとも多く選択したのは「どちらでもない群」であり、「外向的群」と「内向的群」には差がなかった。すなわち、参加者たちは「自己スキーマ」と関連することを、他者にもたずねようとしていたのである。

研究には続きがあった。ひとりでブースに入った参加者は、同じ実験のインタビューと告げられて、スピーカーから聞こえてくる会話を聞いた。会話では、ある人（ターゲット）が外向性に関わる質問の3項目、内向性に関わる質問の3項目、どちらとも関連しない質問の3項目に対して答えていた。その回答は、外向性や内向性のどちらの特徴も示していない内容であった。

この会話を聞いたあと、参加者はターゲットの外向性の程度や内向性の程度、またこれらとは関連しないニュートラルな特性に関して評定した。さらに、それぞれの評定に対する確信度も回答した。

ターゲットの特性に対する評定には「自己スキーマ」による差はなかった。ただし、評定に対する確信度には「自己スキーマ」による違いが見られたのである。「外向的群」と「内向的群」は、「どちらでもない群」よりも、ターゲットの外向性・内向性に対する評定に確信を持っていた。

つまり、参加者は「自己スキーマ」の次元における他者の判断に確信を持っていたのである。なお、ニュートラルな特性の評定に対する確信度には、こうした群間の差はなかった。

もうひとつ「自己スキーマ」の影響に関する研究（Green & Sedikides, 2001）を紹介しよう。この研究では、参加者に自分のことを「自律的で独立的なタイプ」か、あるいは「従属的で依存的なタイプ」か判断させ、依存度の程度によって3つの群に分けた。

次に別の研究として、あるターゲット人物について書かれた文章を4つ示した。そして、そこに書かれた状況におけるターゲットの行動を予測させた。その状況には、「独立的」もしくは「依存的」な内容に関わるものが含まれていた。たとえば「ひとりでレポートを書くか、グループで書くか」という内容である。また、そうした次元とは関連のない状況も含まれていた。たとえば「宇宙計画のために資金を出すか」という内容である。参加者にはターゲットの印象についても回答を求めた。

ターゲットの行動の予測に関し結果を分析したところ、依存的行動を予測したのは、順に、「依存的群」「どちらでもない群」「独立的群」であった。依存的なこととは無関連な行動の予測においては、3つの群に差はなかった。また、ターゲットの印象に関する回答を分析すると、参加者が「自己スキーマ」と一致した印象を持っていることがわかった。つまり、参加者は相手の印象を自己に近づけて判断していたのである。

このふたつの研究結果は、**わたしたちが「自己スキーマ」に基づいて他者を判断しようとし、またその判断に対する確信を強く持つこと**を示している。さらに、**他者の行動も「自己スキーマ」と一致する方向に予測すること**も示している。

もしあなたが「まじめ」という「自己スキーマ」を持っているとしたら、ほかの人を「まじめ」かどうか判断していて、さらにその判断には自信を持つ。そして、その人は「まじめ」な行動をとるだろうと思うのだ。また、もし「優しい」という「自己スキーマ」を持っていれば、ほかの人を「優しい」かどうかで判断しやすくなる。

自分と同僚が、新しくAさんという人と知り合ったとして、自分はAさんに対して「まじめな人」という印象を強く持ち、同僚はAさんに対して「優しい人」という印象を持つ。このような印象の違いが生じるのは、自分と同僚の「自己スキーマ」の違いからきているのかもしれない。

「他者の記憶」における自己スキーマの働き

わたしたちの「自己スキーマ」は、他者について記憶することにも影響を与えている。ある研究（Higgins et al., 1982）では、参加者にとって接近可能な特性が何であるかを確認するため、最初に「好きな人」「嫌いな人」「会いたい人」「避けたい人」、そして「よく会う人」がどのような人なのか記述してもらった。そしてそこに書かれた内容を参考にしながら、各参加者向けに、ターゲット人物に関するエッセイを作成した。

エッセイには、ターゲットの12の行動が含まれるのだが、このうち6つは参加者にとって接近可能性の高い次元、6つは低い次元で構成した。またポジティブなものとネガティブなものも半数ずつとなるようにした。たとえば、参加者が「正直な」という特性を書いたとしたら、その人にとって「お店でおつりを多く渡されると、すぐに指摘してお金を返す」というターゲットの行動は、接近可能性の高い次元である。他方、「正直な」という特性を書かなかった参加者にとって、この行動は接近可能性の低い次元と考えられる。

1週間後、別の研究として、作成したエッセイを参加者に示した。そして時間をあけたあと、エッセイを思い出して記述することを依頼した。

記述された内容を分析したところ、接近可能性の低い特性は、接近可能の高い特性よりも記憶されていないことがわかった。たとえば、最初に「正直な」という特性を書いた参加者は、ターゲットの「正直さ」とは関連しない行動を「正直さ」と関連する行動ほどおぼえていなかった。自分にとって接近可能な次元にそって、他者のことを記憶していたということである。

このことを、自分にとってもっとも接近可能性の高い特性、つまり「自己スキーマ」で考えてみよう。自分が「まじめ」だと思っている人は、相手の「まじめ」なところをよく記憶する。たとえば、その人がBさんと話したときに、「まじめ」で「優しい」という2つの印象を持ったとしよう。そのうち、「自己スキーマ」と一致する「まじめな人」というほうが記憶に残りやすい。

こうして考えてみると、**わたしたちが見ている「他者」というのは、「わたしたちの自己に基づいて見えている他者の姿であること」**を理解できると思う。

さて、ここまで「まじめ」という「自己スキーマ」を例に挙げて説明をしてきた。けれども、わたしたちは単一のイメージを自分に対して持っているわけではない。

さきほど書いてもらった「わたしは○○である」の文章をもう一度見てほしい。おそらく、そこにはさまざまな「○○」が書かれているだろう。わたしたちはいろいろな側面を持っているからである。最初に書かれたものが、そのときに一番接近可能なものであったと考えられるが、もしかすると違うときにたずねられたら、ほかの「○○」が先にきたかもしれない。

このように、**わたしたちが「自己」に対して持つ概念は状況によって変化している。**これを**「作動的自己概念」**（Markus & Kunda, 1986）という。

たとえば、仕事中には「まじめ」な自分が接近可能であるかもしれないが、友人や初対面の人と一緒にいるときには「明るい」自分、あるいは「人見知り」な自分が接近可能となるかもしれない。このように、自己には状況による変動がある。また、自己概念は「重要な他者」を思い浮かべたときにも変化する（この点については、CHAPTER10で詳しく説明する）。

「自分」をどう見たいですか

自分をどう「見ているのか」を考える際に切り離せないのは、わたしたちが自分をどう「見たいのか」ということである。自分のとらえ方には、自らの動機が影響を与える。ここでは「自己」に関わる4つの動機について順に紹介していこう。**「自己確証動機」「自己査定動機」「自己改善動機」「自己高揚動機」**である（Sedikides & Strube, 1997）。

わたしは○○なひとだから　――自己確証動機――

わたしたちは、既存の自己概念と、新しい情報との一貫性を維持したいという動機を持っている。一貫した自己観を持ちたいということだ。

たとえば、自分が「まじめ」だと思っている人は、まじめな自己に関連する情報を得て、自己概念を維持したいと考える。この動機の働きは、わたしたちが自分自身を理解しやすい対象としてとらえることを可能にしている。

もし自分のことを「まじめ」だと思っているのに、自分に対する他者の評価がそれと一致していなかったら不安になるし、自分が周りから理解されていないのではないかと感じる。また、自分では「まじめ」だと思っているのに、本当はそうではないのかと自分自身に対する理解が揺らいでしまう。そのため、「自己確証動機」を持つのは重要なことだ。

ただし、この「自己確証動機」の働きが問題を起こすこともある。それは**自己評価や自尊感情の程度が低い人の場合である。こうした人は、新しい情報を自己概念と一致させるため、低い自己評価と一貫した情報への注目や記憶が優位になってしまう**のである。このことを検討した研究（Story, 1998）を紹介しよう。

研究では、参加者にパーソナリティテストを受けてもらい、その結果を「偽《ぎ》フィードバック」した。「偽フィードバック」とは、テスト結果と称して、あらかじめ準備していた偽の情報を参加者に伝えることである。

この研究で参加者にフィードバックした情報には、肯定的内容と否定的内容の両方が含まれており、参加者は自分のパーソナリティに対して両方の内容を示された。なお、参加者の自尊心の程度はあらかじめ測定されていた。テストの結果を伝えたあと、参加者にはフィードバックした情報を思い出し記述してもらった。

参加者が思い出した内容を分析したところ、肯定的内容については、高自尊心群のほうが低自尊心群よりもおぼえていたのに対し、否定的内容については、低自尊心群のほうが高自尊心群よりもおぼえていた。つまり、**人は自分について同じことを伝えられても、自尊感情と一致する方向の内容を記憶する**ということである。

この結果は、自尊感情の程度が低い人にとって重要な問題を示唆している。どうしてかというと、せっかく肯定的なことを告げられたのに、そこに注目しないことを意味しているからだ。

他者からの肯定的評価は、低い自己評価を高めるための大切な情報である。それにもかかわらず、「自己確証動機」の働きにより肯定的評価を受け入れられない。そうすると、自己評価は低いままになってしまう。さらに、他者からの否定的評価に注目してもっと自己評価が下がるというスパイラルが生じる可能性もあるのだ。

自己評価が高い人は、ほめられるともっと長所を伸ばしていけるのに、自己評価が低い人は自分の短所にばかりとらわれて、ほめられてもそれを拒絶してしまう。もしあなたが、ほめられるのが苦手というのなら、この「自己確証動機」の働きを少し弱めてみてほしい。

わたしはどのようなひと?　──自己査定動機──

わたしたちは、自分を正確に評価したいという動機を持っている。自分の能力や態度を正しく理解することは、将来の状況を予測するのに役立つし、その予測に応じて自分の行動をコントロールできる。

たとえば、仕事を引き受けるときには、自分の能力に応じてものごとを遂行するのが可能な範囲であることが望ましい。自分の能力を過大視していると、期日までに仕事が終わらず、周囲に迷惑をかけてしまう。もし仕事の量が自分の能力を超えていると思う場合には、あらかじめほかの人のサポートを得られるよう行動することも必要だ。こうした行動も、正しく能力の程度を把握することで可能となる。

「自己査定動機」はさまざまな状況において働くが、とくにわたしたちが課題に対する能力を判断するのが難しいとき、この動機の働きが見られやすい。このことを検討した研究（Trope & Ben-Yair,1982）を紹介しよう。

研究はふたつのセッションで構成されていた。最初のセッションでは、参加者にふたつの課題に回答してもらった。その際、一方の課題は分析能力、もう一方の課題は心的柔軟性を測定する内容と告げた。課題はどちらも18問であった。

その後、課題の成績を偽フィードバックしたが、その際、参加者に伝える成績によって、能力のレベルに対する確実性を操作した。確実条件では、参加者自身が自分のレベルについてわかるように、実際の正解数とは関係なく、18問中15問が中程度の成績と伝えた。このようにいわれたら、自分のレベルが中程度であることはほぼ確定だ。

不確実条件では、参加者が自分のレベルについてよくわからない内容をフィードバックした。低レベル、中程度レベル、高レベルの成績がおよそ同数と伝えたのである。このようにいわれると、自分のレベルはあいまいで、能力が低いのか高いのかわからない。

次のセッションでは、新たな課題をふたつ示し、それぞれ分析能力、心的柔軟性を測定する内容であると告げた。その際、課題はどちらも20問ずつあるが、両方から合わせて25問に取り組むことができると伝えた。そして参加者に各領域から何問ずつ選びたいか回答してもらった。

参加者の回答を分析したところ、能力レベルが不確実な領域の問題が多く選択されていた。たとえば、ある参加者は、最初のセッションで自分の分析能力のレベルがあいまいであったとしよう。すると、次のセッションでは心的柔軟性の問題よりも、分析能力の問題を多く選んだということだ。自分のレベルがあいまいな領域の問題に挑戦して、能力を正確に査定したいと考えていたのである。この結果は、自分を正しく理解したいという「自己査定動機」の働きによるものと考えられる。

自分を正確に評価するための情報を収集するとき、もしかすると否定的なフィードバックを受ける可能性もある。そうした情報を受け入れるかどうかは、次に紹介する「自己改善動機」とも関連している。

成長したわたしになりたい　――自己改善動機――

わたしたちは自分を改善し、成長したいという動機を持っている。さきほど、仕事を引き受ける際の「自己査定動機」を例に挙げた。もし任された仕事のレベルに見合う能力にまだ達しておらず、結局、ほかの人のサポートを必要としたなら、どのように思うだろうか。おそらく、次の機会には自分の力でその仕事に向き合えるよう、努力して能力を高めたいと考えるだろう。このように、「自己改善動機」はわたしたちに目標を立てさせ、目標達成のために行動をコントロールさせる。

「自己改善動機」が働くのは、自分には足りない点があることを自覚する場合であろう。たとえば、自分の短所や弱点の認識によって、自己改善は促されると考えられる。ただし、短所や弱点を認めることによってネガティブな感情の状態になる可能性もある。わたしたちには自分の感情をポジティブもしくはニュートラルな状態にしたいという動機もあり、こうした「感情改善の目標」と「自己改善の目標」との間にはコンフリクト（対立）が生じる。それでは、どのようにすれば、自分を成長させられるのだろう。

短所や弱点によって生じるネガティブな感情は、一時的なものと考えられる。そのため、「感情改善」は短期的な目標だ。対照的に、「自己改善」や「自己成長」は長期的な目標である。長いスパンで自己を見て、重要な目標に向けて行動することが必要である。短所を認めることによって、たとえネガティブな感情が生じたとしても、それが自分の成長につながるのなら、そうしたほうがよい。このような**短期的コスト（ネガティブ感情）を超えた長期的目標の遂行は、人がポジティブな感情状態にあるときに起こりやすい**（Gervey et al. 2005）。

何か自分の否定的側面を受け入れる必要があるときには、あらかじめ自分の感情をポジティブな状態にしておくことがよいようだ。

優れたわたしでありたい ――自己高揚動機――

わたしたちは、自分を肯定的に見たいという動機を持っている。自分の能力や性質が優れているると思いたい。また、もしかするとわたしたちは成長するための努力の程度も、実際よりポジティブにとらえているのかもしれない。こうした自己評価を高く維持するための動機のことを「自己高揚動機」という。

しばしば、わたしたちは自己評価が高いとか低いとかいうが、その際の比較対象は誰なのだろうか。

「一般的な他者」や「平均的な他者」だろうか。しかし、「一般的な他者」といっても、何をもって「一般的」というのか基準がない。「平均的な他者」という場合にも、どの集団における「平均」なのかわからない。じつは**わたしたちが自分と比較する相手は、自分にとっての「重要な他者」であることが多い。**こうした視点を組み込んだ**「自己評価維持モデル」**(Tesser, 1988) を紹介しよう。

「自己評価維持モデル」は、わたしたちが他者との関係性のなかで自己評価をすること、また自己評価を維持もしくは高めるために対処方法をとることを前提としている。このモデルによると、他者との関係性のなかにおける自己評価には、「比較過程」と「反映過程」がある。

「比較過程」では、心理的に近い他者のものごとの遂行と比較して、自分が優れている場合には自己評価を高め、劣っている場合には自己評価を低める。

それに対し、「反映過程」では、他者のものごとの遂行の結果が高いと自己評価を高め、低いと自己評価を低める。そのため、この過程では「栄光浴（Cialdini et al. 1976）」の現象が見られる。たとえば、自分の友人が何か優れた成果を収めたとき、それを自慢するような場合だ。友人の活動に何か寄与したわけではないのに、私たちはその遂行を誇らしく感じる。

自分にとって「重要な他者」との比較においては、「比較過程」も「反映過程」も生じるのだが、「自己評価維持モデル」は、比較する領域に自分が関与する度合いによって、どちらの過程が働きやすいのか決まると考えている。関与が高いと「比較過程」が働きやすく、関与が低いと「反映過程」が働きやすい。

さらに、この「自己評価維持モデル」は関与が高い領域において、「重要な他者」との比較により自己評価が低くなった場合に生じることも予測している。

たとえば、仕事であなたが重要と考える課題があったとする。あなたはうまく仕事を遂行できなかったのに、仲のよい友人でもある同僚が成功し、あなたの自己評価が下がってしまったようなときである。そのような場合、あなたならどうするだろう。

「自己評価維持モデル」によると、このときには次のいずれかが起こるという。

ひとつは、「重要な他者」と距離をとり、相手のパフォーマンスのインパクトを低めるということだ。優秀な友人から距離をおけば、比較する必要もなくなり、自己評価も低くならずにすむ。この距離には、友人と会わなくなるというような実際の距離だけではなく、心理的な距離も含まれる。相手との親密性や類似性を減じるのである。

しかしながら、その「重要な他者」との距離を遠くすることができない状況もある。相手が大切な友人であるような場合である。そうした場合には、人が自己定義を変えることを「自己評価維持モデル」は予測する。比較する領域に対して関与する度合いを低めて、もうその領域でのものごとの遂行を重要と思わないのである。その領域におけるものごとの遂行をやめてしまうということもある。例を挙げてみよう。

あるきょうだいがいたとする。もともと年長の子が頑張っていたスポーツを年少の子もはじめたところ、競技では年少の子のほうがよいパフォーマンスをするようになった。「比較過程」が働き、年長の子の自己評価は下がる。この自己評価をもとのレベルに戻すためには、年少の子と距離をとる必要がある。しかし、きょうだいであるため、そういうわけにはいかない。

どうするかというと、年長の子はそのスポーツを競技として続けるのはやめ、ほかの領域でよいパフォーマンスができるように努力しはじめるというような例だ。あなたやあなたの周りにも、そうしたケースがあるかもしれない。

「重要な他者」との「比較過程」や「反映過程」に関して、小学生を対象に検討した研究（Tesser et al., 1984）を紹介しよう。

研究では、参加者に自分、仲のよい友人、またクラスメイトの成績を評定してもらった。そして成績に関する客観的な指標として、教師の評価を参照し、両者を比較した。

その結果、参加者にとって関与の高い領域においては、客観的指標よりも自分の成績が高く、仲のよい友人の成績が低く評定されていた。「比較過程」が生じたということである。他方、関与の低い領域においては、友人の成績が高く評定されていたのである。この場合は「反映過程」が生じたと考えられる。「自己評価維持モデル」によって認知のゆがみが生じていたのだ。なお、単なるクラスメイトの成績は、関与の高い領域においても低い領域においても低く評価されていた。

やはり、領域に対する関与の高低によって、ふたつの過程が分けられているようである。興味深いのは、いずれの過程の場合もわたしたちの自己評価が高くなるということだ。

次に紹介する研究（Pleban & Tesser, 1981）も、「自己評価維持モデル」の予測に関して検討しており、わたしたちの自己評価が下がったときに何が起こるのか明らかにしている。

参加者をもうひとりの参加者（実際には実験協力者）と一緒にし、いくつかの領域に関する調査への回答を求めた。たとえば、フットボールやロック音楽などの領域である。この課題の目的は、参加者にとって関与の高い領域や、低い領域を調べることであった。

次に、そこでわかった関与の高い、もしくは低い領域に対する質問のゲームを相手役の参加者と一緒に行ってもらった。

そしてその結果を、参加者には「平均的で50パーセンタイル（下から50％のレベル）であった」と告げた。また、相手役の成績として、20、40、60、80のパーセンタイルのいずれかであったと告げた。20や40であれば、相手役のほうが参加者より成績が低く、60や80であれば成績が高いことを意味している。

続けて、ふたりには順番に部屋を出て別の部屋で待つように依頼した。待つ部屋には8つの席があり、先に部屋を出た実験の協力者が座っていた席と、参加者が座った席との距離をひそかに測定した。さらに参加者には相手の好ましさ、相手との類似度、将来また一緒にゲームや実験に参加したいかという行動意図を回答してもらった。

席の距離について検討したところ、関与の高い領域の場合には、参加者よりも相手の成績がよいほど距離が遠くなっていた。関与の低い領域の場合は、距離が近くなっていた。また将来の行動意図に対する回答を分析すると、関与の高い領域では行動意図が低く、低い領域では高かった。

自分との類似度評定においても、関与の高い領域では、相手の成績が高いほど、類似度が低く評定されていた。相手との心理的距離を遠く知覚していることを示している。関与の低い場合には、相手の成績が高いほど、類似度が高く評定され、相手との距離が近く知覚されていた。好ましさの評定においてのみ関与度の高低による差は見られず、相手の成績が高いほど好ましく評価されていた。

研究結果をまとめよう。関与の高い領域においては、相手の成績が高いほど、距離が遠く、類似度、行動意図が低かった。他方、関与の低い領域においては、相手の成績が高いほど、距離が近く、類似度、行動意図が高かった。

これらの結果は、領域に対する関与の高低によって自己評価を維持するための方略が異なることを示している。さらに、関与の高い領域において自己評価が下がったときに、相手との距離をとることも示された。これらの結果は、「自己評価維持モデル」の予測を支持するものである。

いま見たように、「自己評価維持モデル」は、**自己評価が下がるような事態が生じたとき、わたしたちが他者の評価を下げることや他者と距離を置くこと、つまり他者との関係性のなかで事態に対処すること**を明らかにした。

もうひとつ、「自己評価」に関連する理論を紹介しよう。**「自己肯定化理論」**(Steel, 1988)である。この理論によると、自分の価値を確認できれば、他者との関係性における対処をすることなく、わたしたちが自己評価を維持できるという。

たとえば、失敗をしたときに、人は「下方比較」という対処をすることがある。「下方比較」とは、自分よりもものごとの遂行の劣る他者と比較することだ。「自分より、もっとできない人もいる」と思うことで、短期的ではあるものの気持ちは安定する。ただし、「自己肯定化理論」によれば、失敗をしたあとに重要な領域における自己価値を確認すると、人は「下方比較」をしなくなるという。

この点について検討した研究(Spencer et al., 2001)では、参加者にある知的課題を行ってもらい、その成績を低く偽フィードバックした。参加者の自己評価を下げるためである。続けて別の課題にも参加してもらった。この課題の内容は自分にとって重要な価値を考えてもらうものと、そうでないもののいずれかで、参加者はどちらか一方の課題に従事した。つまり、自己肯定化の有無を操作したのである。

次に、また別の課題としてインタビューの課題を準備するためと伝え、参考にしたいテープを選択してもらった。このときのテープは、最初の課題で参加者より成績がよかった人のインタビュー、もしくは劣っていた人のインタビューのいずれかを選択できるようになっていた。よかった人のテープを選択すると「上方比較」することになり、劣っていた人のテープを選択すると「下方比較」することになる。

参加者が選んだテープを確認すると、自己肯定化をした場合には「上方比較」、自己肯定化をしなかった場合には「下方比較」がされることが多かった。

「上方比較」は心の痛みをともなう。けれども、私たちは自分よりも優れたパフォーマンスを示す人の情報を得ることで、将来の成長へとつなげていける可能性がある。これは、さきほど説明した「自己改善動機」の働きとも関連している。

「過去の自分」との比較

さて、ここまで、他者と比較した場合や、自己を肯定化したあとの自己評価について話をしてきた。最後に、「過去の自分」と比較した自己評価について考える。こうした自己評価のことを**「継時的自己評価」**という。

あなたは、「過去の自分」と比較して「現在の自分」をどう思うだろうか。多くの場合、自分が成長したと思われるだろう。それは、「現在の自分」を過去の自分よりも高く評価しているということだ。このときに比較した「過去の自分」は、いまあなたが記憶している自分である。記憶されるもの、さらにそこから検索されるものには、自分の選択によるフィルターがかかるため、**「現在の自分」**から見た過去の姿ということになる。もしくは、「過去の自分」を思い出さなかったとしても、人は自分が成長したと思うために、「過去の自分」を低めて想起しているのかもしれない。

このことを検討した研究（McFarland & Alvaro, 2000）では、参加者に過去2年以内に経験した非常にネガティブな出来事、もしくはややネガティブな出来事について記述してもらった。

その後、「現在の自分」と「出来事の前（過去）の自分」について評定を求めた。また別の参加者のグループには、知り合いの経験した出来事を記述してもらい、「現在のその人」と「出来事の前のその人」に対する評定を求めた。

自分や知り合いに対する評定を検討したところ、自分の場合も知り合いの場合も、「出来事の前」よりも「現在」のほうが肯定的に評定されていた。ネガティブな出来事を経験すると、人は成長すると知覚されていたのである。ただし、「自分」と「知り合い」とでは違いがあった。自分が経験した非常にネガティブな出来事を記述した参加者のみ、「出来事の前の自分」をほかの条件よりも低く評定していた。つまり、成長をもっとも知覚したということである。

わたしたちはつらい経験を越えて、自分が以前よりもずっと成長したと思う。これも「自己高揚動機」による効果と考えられる。

人が望ましい自己評価をし、将来に対して楽観的な予測をすることや、状況に対する自分のコントロール力を大きく見積もることを、**「ポジティブ・イリュージョン」**と呼ぶ研究者もいる（Taylor & Brown, 1988）。

もしかすると、あなたは人が自己評価を高くするためにいろいろな方略を用いることに何か否定的な印象を持ったかもしれない。しかし、それは人間の否定的な側面ではない。このように自己を肯定的に見ようとするのは、わたしたちが生活していくうえで重要なことであり、また成長するために必要なことでもある。自分をポジティブにとらえているからこそ、わたしたちは高い目標を設定したり、その目標に到達できるよう努力したりできる。

とはいえ、自己評価が高すぎるとマイナスの影響が生じることもある。たとえば、組織で仕事をする人が、状況をコントロールする自分の力をあまりに高く知覚してしまうと、自分がいないと仕事が進まないなどと考えて、他者に仕事を任せたり、休んだりすることができなくなってしまう。

もしあなたが、休みを取ることに不安を感じているのなら、状況をコントロールする力の知覚を少しだけ引き下げることだ。自分がいなくても仕事は進む、あるいは多少の遅れが生じたとしてもあとでリカバリー可能だと思ったほうがいい。

「自己」に関連する動機として、「自己確証動機」「自己査定動機」「自己改善動機」、そして「自己高揚動機」を紹介した。

それぞれの動機の働きを独立して考えると、矛盾する方向を予測しているように見える。たとえば、人が自己高揚に動機づけられているのだとすれば、なぜ低い自尊心の人は「わた

し は〇〇なひとだから」という「自己確証動機」によって低い自己評価のままなのか、などの疑問が生じる。

わたしたちはこれらの「自己」に関する動機を持っているが、人によってある動機のほうが別の動機よりも働きやすいのかもしれない。また、それぞれの動機が働きやすい状況が異なっていることも考えられる。

たとえば、たいていは「優れたわたしでありたい」という「自己高揚動機」の影響が強いけれども、仕事を引き受けるかどうか検討するようなときには「自分を正確に評価したい」という「自己査定動機」が働きやすいだろう。

つまり、自分をポジティブに見るというのは、わたしたちが無意識のうちにする「自動的な過程」であって、ある目的のために自分を正確に見ようとするのは意思が働く「統制的な過程」といえる。

このように、**状況に応じてわたしたちは柔軟に動機の働きを使い分け、情報を解釈することや、生じた結果に対処することが可能なのである。**

CHAPTER

8 あなたは「人からどう見られたい」ですか

人から、どう思われたいですか　――「自己呈示」をする理由――

あなたは、人から「どのようなひと」だと思われたいだろうか。CHAPTER7を読んだあとだと、少し答えにくいかもしれない。自分を「まじめ」だと思っていて、「人からもまじめなひとだと思われたい」と思った方は、「あ、これは自己確証動機（わたしは○○な人）の働きか」などと思わず考えたかもしれない。

それでは、少し質問を変えてみよう。あなたは、仕事の相手から「どのようなひと」だと思われたいだろうか。また、友人からは「どのようなひと」だと思われたいだろうか。

たとえば、仕事の相手からは「有能なひと」だと思われたくて、友人からは「親しみやすいひと」だと思われたいなど、相手や状況によって見られたい自分が変わるだろう。そうしたイメージに合わせて自分のふるまいも変えているかもしれない。ただ、いずれの場合でも好ましい人物であることを示したい、という点は共通している。

わたしたちが見られたい自分を示す、つまり**「自己呈示」**することには、さまざまな理由がある（Tice & Faber, 2001）。まず、**他者が持つ印象を管理することである**（Baumeister, 1982）。これはさきほどの例のように、「相手からどう見られたいか」ということに関連している。

また、**他者に対してあるイメージを呈示することで、「自己を構築する」**という理由もある。これは「自分自身がどうありたいか」ということに関連している。

さらに、**よい印象をつくることで、自分のポジティブ感情を高め、ネガティブ感情を低めるという「感情制御の理由」**（Leary, 1995）も挙げられる。

評価が下がると「望ましい自己呈示」をしがち

これらの動機はいつも同じように働いているわけではなく、**わたしたちが「望ましい自己呈示」をするのは、とくに課題に失敗したときや、否定的評価を受けたり自己イメージが損なわれたりしたとき**である（Schneider, 1969）。このことについて検討した研究（Baumeister & Jones, 1978）を紹介しよう。

参加者には性格テストを受けてもらい、初対面の人とペアになると告げた。その後、性格テストの結果として、肯定的内容もしくは否定的内容を伝えた。そしてペアの相手にもそれが公表される、もしくは相手には公表されないという説明のいずれかを伝えた（実際には、ほかにも条件が設けられていたが、ここでは説明を省略する）。続けて、参加者には「相手に自分のことを伝えるため」と話し、さまざまな特性に対して自分を評定してもらった。

参加者が行った「自己評定」を確認したところ、「相手に性格テストの結果が公表される」と告げられた場合、テストの結果に対して肯定的なフィードバックを受けた参加者は、すべての項目で控えめに自己を評定していた。

他方、否定的なフィードバックを受けた参加者は、性格テストの内容と関連する項目においては自己を低く評定していたものの、関連しない項目においては自己を高く評定していた。相手に公表される領域とは無関連な領域では、ポジティブな自己呈示を行っていたのである。「相手に性格テストの結果が公表されない」と告げられた場合、テストの結果に対して肯定的なフィードバックを受けた参加者は、すべての項目で自己を高く評定していた。

他方、否定的なフィードバックを受けた参加者は、性格テストの内容と関連する項目において「テストの結果を公表される」と告げられた場合よりも、自己を高く評定していた。**否定的な評価を受け取った参加者は、ポジティブな自己呈示をすることで他者の印象を管理し、また自己イメージを保ったのである。**

この結果を、仕事の成功や失敗で考えてみよう。

仕事で成功したとき、その成功が他者にも知らされるのなら、わたしたちの自己アピールは控えめなものになる。たとえば、仕事がうまくいって、それが社内で表彰されるような状況である。そうした場合には、「この成功はわたしの力だけで得られた結果ではありません」とか、「たまたまうまくいっただけです」などというのである。

他方、仕事で失敗したときに、その失敗が他者にも知られてしまうのなら、わたしたちはその領域以外のことで、自分の能力が高いことを他者にアピールしようとする。「このプロジェクトでは失敗したけれども、別のプロジェクトは順調に進んでいます」などという。

対照的に、仕事で成功したのに、その成功が他者に知られる状況にないのなら、わたしたちは「わたしが取り組んだからこそ、このプロジェクトがうまくいきました」と、自分の能力の高さをアピールする。また、仕事で失敗したけれども、それが他者に知られない状況ならば、知られてしまう場合よりも「わたしは仕事ができるひとです」とアピールすると考えられる。

興味深いのは、テストの結果が「相手に公表される」と告げられた参加者が、それと無関連な領域、すなわち相手に知られていない領域で自分を望ましく呈示したということである。さきほどの例でいうと、失敗が他者に知られてしまうのなら、別のプロジェクトがうまくいっていることをアピールするという状況だ。別のプロジェクトの結果はまだ明らかになっていないので、こうしたアピールが可能となる。

わたしたちは、自分の結果やパフォーマンスが他者に知られていないときに、とくにポジティブな自己呈示をするようである。 そうした自己呈示をした場合、他者が肯定的に評価してくれる可能性がある。このことについて検討した研究（Schlenker & Leary, 1982）を紹介しよう。

研究では、参加者にシナリオを示し、登場人物（ターゲット）の好ましさを評価してもらった。シナリオは「ターゲットが課題（期末試験かテニスの試合）の前もしくはあとに、自分のパフォーマンスのレベルについて話をした」という内容であった。シナリオによって、そのレベルには「非常に低い」から「非常に高い」までの5段階が設けられていた。

シナリオには続きがあり、課題の結果が書かれている場合と書かれていない場合があった。書かれている場合には、ターゲットの結果は「非常に低い」から「非常に高い」の5段階のいずれかであった。

ターゲットに対する好ましさの評定を確認したところ、課題の前、すなわち結果がわかる前であれば、自分のレベルを肯定的に話すほど、ターゲットは好ましく評価されていた。いわば、ポジティブな自己呈示をすると、よい印象を持たれるようである。

他方、結果がわかったあとでは、ターゲットの話したレベルと実際の結果が一致しているときに、ターゲットは好ましく評価されていた。ターゲットの自己評価が客観的に見て納得できるものであると、よい印象を持たれたわけだ。

ここまで読んで、もしかするとあなたは「自分だったら、ほかの人に対して自分のレベルを高いとはいわない」と思ったかもしれない。「とくに知り合いに対しては、むしろ謙遜して能力を低く自己呈示する」と考えた人もいるだろう。ある研究でも、**初対面の人の前ではポジティブな自己呈示、友人の前では控えめな自己呈示が行われた**(Tice et al, 1995)。実際、否定的な自己呈示はしばしば行われるし、それには理由もある。詳しくは次の節で見ていこう。

「自己呈示」の方向はふたつある

「自己呈示」は、**「主張的自己呈示」**と**「防衛的自己呈示」**とに区別されている(Jones & Pittman, 1982)。両者の違いは、他者に与える印象を積極的に操作するかどうか、という点である。それぞれの主な方略を紹介する。

主張的自己呈示

「主張的自己呈示」に含まれる方略を紹介しよう。「取り入り」「自己宣伝」「示範」「威嚇」「哀願」の5つである。

わたしたちは、相手から好かれようと、人に取り入る場合がある。相手に合わせることやお世辞をいうことなども含まれる。こうした「取り入り」は相手の肯定的側面に対して行われることであり、成功すると相手の好意を得られる。部下が、上司を「さすが○○さん」などと持ち上げるのがまさにそうだ。ただし、こうした動機が相手から見抜かれているとうまくいかない。

次のふたつも「主張的自己呈示」である。自分の能力や価値について、相手に肯定的に伝えることを「自己宣伝」という。上司に対して部下が「自分は仕事ができる」とアピールするような場合である。こうしたアピールに対し、相手から肯定的な印象を持たれることがあるが、実際の能力と不一致な内容である場合には、逆効果となる。

自分が道徳的に優れた人であることを伝える「示範」も同様だ。部下に対して上司が「自分は部下に対して分け隔てなく接している」ことをアピールしても、実際の行動がそうでないと逆効果となる。

「主張的自己呈示」は、必ずしも肯定的側面のアピールとは限らない。「威嚇」は自分が相手に対して危険な存在であると伝えることだ。これによって相手をコントロールすることを狙っている。上司が部下に対して「この仕事がうまくいかないのなら、人事評価を下げる」と脅すような場合である。

また、「哀願」は自分の否定的な側面を相手に伝えることであり、うまくいけば相手からの援助を得ることができる。部下が、上司に対して「仕事がうまくいかないので何とかしてください」などというような場合である。

ただし「威嚇」「哀願」のいずれも、相手から思い通りの行動を引き出せるとは限らず、さらに否定的な印象を相手に与える可能性もある。

これらのうち、「取り入り」や「哀願」は、相手のほうが自分より優れている、あるいは自分が相手よりも劣っているというアピールをすることにより、自分が望む印象や行動を得ようとする方略である。否定的な自己呈示であり、**「自己卑下的自己呈示」**とも呼ばれる。

防衛的自己呈示

「防衛的自己呈示」は、自分に対するネガティブな印象を回避するために行われる。出来事の結果がわかったあとの「弁解」や「正当化」などが含まれる。

また、出来事の結果が明らかになる前に行われる**「セルフ・ハンディキャッピング」**という方略もある。「セルフ・ハンディキャッピング」とは、**「失敗を外的に帰属し（もしくは言い訳し）、成功を内的に帰属する（賞賛を得る）機会を増やすための行為やパフォーマンス状況を選択すること」**（Berglas & Jones, 1978, p.406）と定義されている。

わたしたちは、自尊心や自分の能力観を守るため、出来事の前にあえて努力を控えることや、パフォーマンスが下がる行動を選択することがある。これは**「行動的セルフ・ハンディキャッピング」**である。

学生時代、試験の期間中に部屋の掃除や机周りの整理をした経験はないだろうか。自分では「勉強に集中するために環境を整えた」と思っているかもしれないが、これらのことは、「行動的セルフ・ハンディキャッピング」であった可能性がある。

また、努力不足を誇張して伝えたり、準備を妨害するものがあったと報告したりすることもある。これは**「言語的セルフ・ハンディキャッピング」**である。

こうした方略は、とくに、重要なパフォーマンスの結果が不確かなときにとられる。

たとえば、仕事で大事な交渉をする必要があるとする。そうした状況にもかかわらず、ほかのプロジェクトの打ち合わせを入れたり、後輩の指導をしたりして、準備時間を少なくする。また、「急にほかの仕事が入ったから準備の時間が取れなかった」と周囲に告げたりする。こうしておけば、もし交渉がうまくいかなかった場合でも、その失敗は別の仕事で忙しかったせいにすることができる。自分の能力不足に帰属されないですむのだ。また、もし交渉が成功したら、多忙ななかでマルチタスクをこなした有能な人という評価を得ることができる。

しかしながら、繰り返しこうした方略をとっていると、否定的な印象を持たれる可能性がある。

次のような経験はないだろうか。試験前に「まったく勉強していない」といいながら、よい成績を取る同級生に対して、「勉強しないであの成績が取れるとは優秀だなあ」と思って見ていた。そのうち、試験のたびに同じアピールをされ「またか」と思うようになる。その後、相手がじつはしっかりと試験勉強をしていたことを知り、かえって相手に対し否定的な印象を持つようになるといったケースだ。

相手はきっと、うまく「セルフ・ハンディキャッピング」をしながら自分の能力をアピールしたつもりだろう。けれども、それが見透かされるとかえってマイナスなのである。

とはいえ、**適切な程度の「セルフ・ハンディキャッピング」は、さきほど説明したように「自己呈示」の方略として成功するし、自尊感情の維持にも役立つ。**このことについて検討した研究（McCrea, 2008）を紹介しよう。

参加者の「自尊感情」の程度を測定したあと、知的テストの例題を2問解くように依頼した。そして正解と不正解が1問ずつであったこと、このテストは十分に練習をしないと得点が低くなることを告げた。

半数の参加者には練習の機会を与えたが、残り半数の参加者には与えなかった。続けて20問の知的テストに従事してもらい、成績が低いと偽フィードバックした。その後、参加者には「もし〜していたら、もっとテストがよくできただろう」といった反実思考（いわゆる「タラレバ」）を生成する課題への回答を求めた。そして、最後に再び「自尊感情」を測定した。

参加者の記述を分析したところ、練習の機会がなかった参加者のほうが、あった参加者よりも、練習に関わる上方の反実思考を記述していた。たとえば「もし練習していたら、もっとテストがよくできただろう」という内容である。

自尊感情との関連を検討すると、練習の機会があった参加者では上方の反実思考を生成するほど、自尊感情が低くなっていた。この条件は練習するチャンスがあったのに成績が悪かったので、それを悔やむほど自尊感情が低くなったと考えられる。

他方、練習の機会がなかった場合には、反実思考と自尊感情との間に関連は見られなかった。この条件の参加者は、「練習のチャンスがなかったせいで成績が低かった」というように「セルフ・ハンディキャッピング方略」が使える。そのおかげで自尊感情が低下しなかったと考えられる。つまり、「セルフ・ハンディキャッピング」の機会があると、それを利用して、わたしたちは自尊感情を維持することができるのである。

「自己呈示」は自分にどのような影響を与えるのか

「自己呈示」をすると自己概念が変化するという。たとえば、自分が組織のリーダーとなったことを想像してもらいたい。役割を果たすため、意識して「リーダーらしく」ふるまっているうちに、自己概念も「統率力のあるわたし」とか「行動力のあるわたし」に変わっていく可能性がある。こうした影響について検討した研究（Tice, 1992）を紹介しよう。

参加者には、自分に関する質問に回答する際、内向的もしくは外向的に自己呈示することを依頼した。なお、質問への回答の間、ほかの人からマジックミラー越しに見られると告げる条件（公表条件）と、見られないと告げる条件（匿名条件）を設けた。回答のあと、自己評定をしてもらった。

結果を分析するため、参加者の自己評定を確認した。すると、内向的に自己呈示した人は、外向的に自己呈示した人よりも内向的な自己評定をしていた。またその効果は、ほかの人から見られるという公表条件のほうが大きかった。参加者は他者の前で自己呈示をした場合のほうが、自己呈示を内在化、つまり自己概念に取り入れやすいということである。

研究には続きがあった。参加者にイスを持って出て、待合室で待つように告げた。待合室では別の参加者（実際には実験協力者）がイスに座っており、その位置と参加者がイスを置いて座る場所との距離を測定した。また、3分の間、参加者と実験協力者との会話を記録した。

イスの距離を確認したところ、内向的に自己呈示をした場合のほうが、外向的に自己呈示をした場合よりもイスの距離が遠かった。さらにこの効果は、公表条件、つまりさきほど他者の前で自己呈示した場合のほうが大きかった。また公表条件では、外向的に自己呈示した場合のほうが、内向的に自己呈示した場合よりも、会話をはじめた人の割合が多かった。匿名条件ではこうした差は見られなかった。つまり、他者の前で自己呈示をすることで自己概念が変化し、行動にも影響が生じたということである。

この結果は、自己呈示することによって、わたしたちの自己概念が変化しうることを示唆している。外向的にふるまうこと、とくに人前でそうしたふるまいをすることは、自分を「外向的なわたし」と思わせる。そして、他者との相互作用においても「外向的なわたし」らしい行動をとらせるのである。

さて、さきほど自分がリーダーとなったことを想像してもらったが、あなたはどのような気持ちになっただろうか。

紹介した研究（Tice, 1992）では、参加者が自己呈示を行ったのは短い間であったので、彼らの自己概念の変化も一時的なものであった可能性がある。

しかし、もしわたしたちが実際に組織のリーダーになったとしたら、仕事においては常にリーダーらしい自己呈示が求められる。当然、その自己呈示は部下など他者の前で行われる。長期間にわたってリーダーにふさわしいふるまいをするうちに、わたしたちは自分を「リーダーであるわたし」とみなすようになるだろう。そしてもはや演じるのではなく、リーダーらしい行動を自然にとるようになるのである。「役割が人を育てる」のは、こうしたメカニズムによって成り立っている。

CHAPTER

9 あなたは「人にどう見られて」いますか

わたし、目立っている？ ――スポットライト効果――

わたしたちは実際よりも、自分の行為や姿が周りの人の注意をひいていると思いがちだ。

こうした傾向のことを**「スポットライト効果」**（Gilovich et al, 2000）という。

たとえば、平坦な道なのにうっかり転んでしまったとする。周囲の人がみな自分に注目していると思い、とても恥ずかしく思う。

また、オフィスに着いてふと足元を見ると、急いで出かけてきたせいか、洋服とまったく合わない靴を履いていることに気づいた。ちぐはぐな格好に同僚たちがみな気づいているだろうと、1日中落ち着かない。自分に注意が向いているので、ほかの人の目にもつきやすいと思うのだ。けれども、実際には周りの人はそれほど自分に注目していないし、同僚たちもあなたのコーディネートをたいして気にしていない。

わたしたちは自分の行為や姿の変動性についても、周りの人の注目を実際よりも大きく見積もることがある。この点について検討した研究（Gilovich et al. 2002）を紹介しよう。

お互いに知り合いではない参加者を3人組にして、ビデオゲームのプレイヤーA、プレイヤーB、もしくは観察者の役割を与えた。そして「5ラウンドのゲームを行う」と告げ、1ラウンドごとに、次のことを評価するように依頼した。

プレイヤー役の参加者には、自分のパフォーマンスと、チームメイトであるもうひとりのプレイヤーのパフォーマンスの評価を求めた。さらに自分のパフォーマンスをチームメイトや観察者がどう評価したと思うか、推測してもらった。ゲームは5ラウンドあったので、パフォーマンスの変動性は、各回の評価にどのくらいばらつきがあるのかによって検討した。

もし「スポットライト効果」が生じているとしたら、参加者は自分のパフォーマンスのばらつきが、実際よりもチームメイトに気づかれていると思うはずである。このことを検討するには、参加者に対するチームメイトの「実際」の評価のばらつきと、参加者が「推測」した評価のばらつきとを比較すればよい。

結果を分析したところ、参加者は、自分のパフォーマンスのばらつきに対するチームメイトの予測を大きく知覚していた。つまり自分がゲームをうまくできたり、できなかったりすることに、スポットライトが当たっていると考えていたのである。けれども実際には、チームメイトはそれほど相手の出来不出来に注目していたわけではなかった。

なお、観察者役の実際の評価のばらつきと、観察者の評価に対する推測のばらつきには差が見られなかった。自分とチームメイトの間にのみ効果が見られたのは、「チームメイトもゲームプレイで忙しい」ということを、参加者が認識できなかったためと考えられる。


さきほどの例のように、わたしたちはいつもと違う自分の格好にスポットライトが当たっているような気がするが、同僚たちは自分の仕事で忙しく、ほかの人の姿がふだんと違うことに注意を向けてはいない。自分を逆の立場に置いて考えてみてほしい。もしかすると、あなたは身近な人が髪型を変えたことも気づいていないかもしれない。

わたし、見透かされている？ ——透明性の錯覚——

わたしたちは自分の考えていることや感じていることを、ほかの人もわかっているように思う場合がある。

たしかに、親しい人との間では言葉にしなくてもお互いの気持ちが理解できる場合もある。相手から理解されていると思う程度と、実際の相手の理解の程度が同じならば問題はない。しかしながら、**わたしたちはしばしば実際以上に自分の内面が他者に読まれていると思うのだ。**これを**「透明性の錯覚」**という（Gilovich et al., 1988）。

「透明性の錯覚」に関する研究では、参加者に嘘をつくゲームや、表情を変えずにまずい飲み物を飲む課題を行ってもらった。そして、本当のことがほかの人に見抜かれていると思う程度を推測させた。結果を分析すると、参加者は周囲の人の実際の評定よりも、自分が隠している内面が知られていると思っていた。

他者が自分のことをわかっているかどうか考えるためには、「他者の視点」に立つ必要がある。これは、「視点取得」と呼ばれる方法である。しかし、わたしたちはつい自分を基準にして考えてしまい、他者の視点への修正が十分にできないことが、このバイアスの原因と考えられる。このようなプロセスであるならば、自分に注目を向けた場合のほうが、「透明性の錯覚」がもっと大きくなりそうだ。このことについて検討した研究（Vorauer & Ross, 1999）を紹介しよう。

研究では、参加者の半数を「行為者役」、残り半数を「観察者役」に割り当てた。「行為者役」の参加者には3つの文章を読んでもらい、そこに書かれた対人関係の問題についてどう対処するのか選択してもらった。次が、その文章と選択肢の例である。

4か月前、あなたは友人の娘を秘書として雇用した。仕事はできなくても、彼女は一所懸命やっていた。彼女の父親はずっとあなたによくしてくれた。彼との友情は大事だ。彼は娘が優秀だと信じている。また「自分の娘は仕事が好きだ」とも言っている。

選択肢

(a)　別の社員を配置して、彼女の見守りとミスのカバーを担当させる

(b) 彼女を辞めさせる
(c) 仕事の状況を難しくして、彼女に辞めてもらうようにする
(d) 彼女に研修を受けさせる

これらの問題に対する行為者役の回答を観察者役に伝えた。そして、そこから得られる行為者役の印象を、30の特性語に対して評定してもらった。

行為者役には、次のふたつの課題を行ってもらった。

ひとつは、自分の回答からどのくらい自分が正確に判断されると思うのか評定する課題である。30の特性語に対し、各特性が観察者役から正確に判断されると思う程度を推測してもらった。もうひとつの課題は、同じ30の特性語に対し自己評定を行ってもらうものであった。

なお、どちらの課題を先に行うのかによって、自己への注目の程度を操作した。自己注目が低い条件では、他者評定の推測をしてから自己評定を行ってもらった。自己注目が高い条件では、順番を逆にして、先に自己評定をしてから他者評定の推測を行ってもらった。

両者の評定を比べたところ、自己注目の高い条件は、低い条件よりも対人関係の問題の回答から自分のことが観察者役に見抜かれていると推測していた。しかし、観察者による実際の評定には条件間の差がなかった。自己注目することによって、他者の「視点取得」がうま

くいかなくなり、「透明性の錯覚」が大きくなったのである。

わずかな行為の情報から、自分のさまざまな側面が明らかになるわけはないのに、わたしたちは他者に内面が見透かされているように思う。とくに、**本当のことを隠そうとしているときや、自分について考えているときなど、自分に注意が向いていると「透明性の錯覚」が生じやすくなる。**

上司の冗談に付き合って周りの人と一緒に笑いながら、内心では面倒だと思ったとしよう。このときに、自分の表情がわざとらしくないかなどと考えはじめると、本当の気持ちが見抜かれているように思い心配になるのがそれである。

わたし、選ばれる？ ——自己ターゲットバイアス——

「スポットライト効果」や「透明性の錯覚」は、**「自己中心性バイアス」**と関連している。

「自己中心性バイアス」は、**わたしたちが自分を出来事の原因やターゲットとして過度に知**

覚するということを指す（Zuckerman et al., 1983）。「自己中心性バイアス」に関しては、CHAPTER2で「自己奉仕的バイアス」を紹介する際にも取り上げた。複数の人で課題を行うとき、課題に対する自分の貢献を他者の貢献よりも大きく見積もることである。

自分をターゲットとして過度に知覚することは、**「自己ターゲットバイアス」**とも呼ばれる。**わたしたちは、みなの中から誰かが選ばれるような状況で、自分が指名されると思う傾向がある。**

このことについて検討した研究（Feningstein, 1984）を紹介しよう。

参加者を8人ずつのグループにして横一列に座らせた。「実験のデモンストレーションのために、ひとりだけ選ばれる」と告げた。半数のグループにはデモンストレーションが肯定的な内容と説明し、残り半数のグループには否定的な内容と説明した。そして参加者の半数には自分が選ばれる確率、残り半数には自分の片方の隣の人が選ばれる確率を回答するように依頼した。

参加者の回答を確認したところ、デモンストレーションの内容にかかわらず、自分が選ばれる確率は、他者が選ばれる確率よりも高く回答されていた。とくに、自己への注目が高いと考えられる自己意識特性の高い参加者において効果が認められた。自己に注意を向けている人ほど、自分がターゲットになる可能性を高く見積もるということである。

たとえば学生時代、準備をせずに英語の授業に臨んだことはないだろうか。予習をして英文を訳しておかないといけないのに、単語すら調べておらずノートは真っ白である。教師にあてられたら困ると思っているときほど、自分が指名される確率を高く見積もる。もしかすると、いまでも会社で会議のときなどに同じ気持ちになることがあるかもしれない。

CHAPTER 10

あなたが「見ている自分」は本当の自分ですか

「重要な人」を思い浮かべると、自分の見方が変わる

CHAPTER7では、「自己概念」について説明した。わたしたちが自己に対して持つ概念は状況によって変動することも紹介した。「自己概念」は一時的な要因の影響を受けるのだが、「重要な他者」の概念が活性化した場合にも変動することがある。

「重要な他者」とは、文字通りわたしたちが相手との関係性を「重要」と考える人のことである。たとえば両親や、きょうだい、親友やパートナーなども含まれる。こうした他者の知識も自己概念に組み込まれているため、「他者概念」の活性化が「自己概念」に影響を与え

る。つまり、**「重要な他者」のことが心に浮かぶとき（そのことが意識できない場合でも）、自分自身に対する見方も変わる**のである。このことについて、検討した研究（Baldwin et al., 1990）を紹介しよう。

研究の参加者は、心理学を学ぶ大学院生であった。彼らにとって、研究所の所長である心理学者は「重要な他者」である。研究者たちは、あらかじめその学者が顔をしかめている表情の写真と、ある大学院生の笑顔の写真を準備しておいた。

研究では、参加者に研究のアイデアを記述してもらった。次にそのアイデアに対する自己評価をしながら別の課題への参加も依頼した。その課題とは、光の点滅に対して反応ボタンを押すものであった。研究ではその課題の最中に、準備しておいた学者の写真もしくは別の大学院生の写真を意識できないほど瞬間的に呈示した。つまり、参加者は自分のアイデアを評価する際に、気づいてはいないが重要度の高い他者（学者）もしくは低い他者（大学院生）のいずれかの概念を活性化していたと考えられる。

自分のアイデアに対する評価を確認したところ、大学院生の写真を呈示したあとの評価は、学者の写真を呈示したあとの評価よりも肯定的なものであった。学者の写真が呈示されたことにより、「重要な他者」の概念が活性化して、参加者の自己評価が下がったと考えられる。ただし、この結果は否定的な概念が活性化されたために生じた可能性もある。つまり、「重要な他者」かどうかではなく、顔をしかめた表情が自己評価に影響を与えたという可能性だ。

この可能性について検討するため、次の研究では、顔をしかめた心理学者の写真と顔をしかめたローマ教皇の写真、また統制条件（比較するための条件）として白い画像を準備した。今回は、カトリック教徒の女子学部生たちに研究への参加を依頼した。参加者にとってローマ教皇の重要度は高いが、心理学者の重要度は低いと考えられる。

研究では、参加者に課題に取り組むことを依頼したが、その課題には、ある女性の性的な夢に関するストーリーを読むことが含まれていた。次に別の課題として光の点滅を見る際に、心理学者、ローマ教皇、白い画像のいずれかを瞬間的に呈示した。あとで確認したところ、写真や画像に気づいた参加者はいなかった。最後に、参加者に自分自身について回答してもらった。

参加者の回答を確認したところ、とくに熱心な信者である参加者において、ローマ教皇を呈示された場合に、ほかの条件よりも自己評価が低くなっていた。ローマ教皇の概念が活性化すると、研究の手続きとはいえストーリーを読んだ自分への評価が低くなったと考えられる。また、この効果は「重要な他者」の概念が自己概念に組み込まれている程度によって異なることも示された。

自己概念に組み込まれた「重要な他者」の概念は、意識しないうちにわたしたちの自分に対する見方に影響を与えうる。紹介した研究では、参加者がその人の顔を見たことに自分で気づいていない場合でも効果が示されていた。

また、こうした**「重要な他者」の概念は、その人に似ている人によっても活性化されることがある**（Hinkley & Andersen, 1996）。つまり、わたしたちが見ている自分は、常に一定ではないのである。たとえば、上司が学生時代の恩師に似ているとしよう。上司と一緒にいるときは、恩師を前にした際の自分のようになっているかもしれない。

「内省」の限界

ここまで、自分では気づいていなくても、「自己概念」が状況などによって変動することを説明した。ほかにも自分では意識できない部分が自己にはある。

たとえば、自分ではある対象に対して好意を持っていると思っていても、その理由を考えようとすると、それまでとは気持ちが変わってしまうことがある。それは本当の理由にアクセスすることができないからである。

残念ながら、わたしたちの「内省」には限界がある。結局、理由を挙げるために無理な説明をつくり出すことになり、その説明がしっくりこないために混乱が生じるのである。そのため、**ひとが自己報告する態度と、そのひとの行動とが一貫しないという現象が起こることがある。**このことについて検討した研究（Wilson et al., 1984）を紹介しよう。

最初の研究では、参加者にパズルの課題を行ってもらった。その際、半数の参加者には、パズルが「おもしろいか」、もしくは「つまらないか」、また「なぜそう思うのか」という**「理由の分析」**をしながら行うよう伝えた。残り半数の参加者には何も伝えなかった。

課題のあと、参加者にはパズルを評価してもらった。また参加者が待ち時間にパズルをするかどうか行動を記録した。自己報告された態度と行動との関連を検討したところ、「理由の分析」をした参加者ではその関連が低かった。パズルを「おもしろい」と評定したのにパズルで遊ばなかったり、「つまらない」と評定したのにパズルで遊んだりしていたのである。

次の研究では、風景の写真をスライドにして参加者に見せた。そしてどう感じるか、またその「理由の分析」をするように伝える条件と、何も伝えない条件を設けた。

その後、写真に対する評定を自己報告してもらった。なお、スライドを見ているときの参加者の表情を記録した。参加者の行動を測定したのである。自己報告された態度と行動との関連を検討したところ、この場合も、「理由の分析」をした参加者では、自己報告された態度と行動との関連が低かった。

さて、ここまでの結果を整理しておこう。参加者に、パズルや写真に対する態度の「理由の分析」をさせると、態度と行動が一致しなくなった、ということである。

それでは、次の研究を紹介しよう。今度はカップルに参加を依頼して、ふたりの関係について評価してもらうことにした（何が起こるのか、あなたはうすうす気づいているかもしれない）。研究では、カップルを迎え入れると、まずひとりずつ別々の部屋に案内した。そしてカップルの半数には、「相手との関係が続いている理由」について分析し記述してもらった。残り半数のカップルには、こうした依頼をしなかった。

その後、参加者に「自分たちの関係性」に対する評定を求めた。これが、自己報告された態度である。続けて、ふたり一緒に問題解決の課題に取り組んでもらい、その際の非言語行動を記録して分析した。これは短期的な行動を測定するためであった。またカップルの長期的な行動も測定するため、32～41週間後に連絡をとり、まだふたりが交際しているか報告を求めた（さあ、もうあなたにはこの研究の結果がわかってしまっただろう）。

「理由の分析」をしたカップルの場合、自己報告と交際を継続しているかどうかの関連が低かった。「関係に満足している」といいながら1年以内に別れていたり、満足感を高く報告してはいなかったけれども交際を続けていたりしたのである。自己報告と短期的な行動との関連も検討したところ、一部の指標においてではあるが、「理由の分析」をすることの影響が認められた。

これらの結果からわかるのは、**「自分がなぜそう思うのか」、その理由を分析しようとすることが、必ずしも自分に対する深い理解にはつながらない**ということである。ほかにも、**理由の分析が自分の行動に対する予測を低めること**や（Wilson & LaFleur, 1995）、**選択した商品に対する満足感を低下させること**（Wilson et al., 1993）なども明らかになっている。（Wilson, 2009）。**もっともらしいけれども不正確な説明に基づいて自分の態度を判断することになり、態度と行動とが乖離してしまう**のである。

避けたほうがよいのは、自分を知るために「理由の分析」をすることだけではない。パートナーに対しても、次のような問いかけをしないことがよさそうである。「なぜ、わたしと付き合っているのか」とか「わたしを好ましく思ったのはなぜか」などの質問である。

「自己報告」が難しい自分をどう探るのか

ここまで紹介してきた研究の多くは、参加者に自分やほかの対象の評定を「自己報告」によって求めていた。しかし、「理由の分析」に関する研究で見たように、わたしたちの行動は、自分では意識できない過程によって生じている可能性がある。また、「自己概念」に対しても完全にアクセスすることは難しいだろう。自分では意識できない自己の側面があるということだ。

それでは、「自己報告」によって測定されるものは、「本当の自分」ではないのだろうか。この疑問に対しては、次のように答えよう。アクセスが十分できないとしても、「自己報告」によって回答された評定がすべて不正確だということではない。また、わたしたちが自分を「〇〇なひと」だと思うことが必ずしも間違っているわけではない。

わたしたちには「アクセスが容易な自己」と「アクセスが難しい自己」がある。前者に対する態度は「自己報告」によって測定できるが、後者に対する態度を測定するためには、あとで説明するように別の方法が必要である。

また、「自己報告」には次のような調整が加わる場合もある。たとえば、「仕事が好きか」という質問に対して、あなたはどう答えるだろう。

人事評価の面談で上司にたずねられたのであれば、望ましい自己呈示をしようと考えて返答するかもしれない。こうした望ましさを考慮する必要がない場合でも、自分が一所懸命に取り組んでいる仕事を否定したくないので、肯定的に答えるだろう。こうした場合、わたしたちは意識的に自分の回答を調整している。つまり、**自己報告される内容は「調整の影響」を受ける**のである。

社会心理学では、こうした「アクセスの難しい」態度や、「調整の影響」を取り除いた態度を間接的に測定する方法を開発してきた。「潜在連合テスト」と呼ばれるツールがそうである[※3]（Greenwald et al, 1998）。詳しい説明は省略するが、概念間の連合の強さを測定する方法だと思ってほしい。

たとえば、自分を肯定的にとらえている人は、「自分」と肯定的なものとの結びつきが強い。そして「自分」と否定的なものとの結びつきは弱い。また「ほかの人」と肯定的なものとの結びつきも弱い。そのため、「自己」・「価値」の連合が、「自己」・「無用」とか「他者」・「価値」の連合よりも強いと考えられる。

これらの単語をふたつのグループに分類するとしたら、「自己」・「価値」とか「他者」・「無用」をそれぞれ同じグループに分類するのは簡単ですばやく作業が進む。けれども、「自己」・「無用」とか「他者」・「価値」を同じグループに分類するのは難しく、作業に時間がかかる。分類しやすい組み合わせと、分類しにくい組み合わせにかかった時間の差が大きいほど、自尊感情が高いとみなせるのである。

このような方法を利用すると、間接的に「自尊心」の程度を測定することができる。この指標と、参加者に「自尊心」について直接たずねて回答してもらった指標との関連を検討した研究では、両者の関連はそれほど強くはなかった（Greenwald & Farnham, 2000）。「自分」について考えて報告するという過程にはコントロールが働いていて、間接的方法によって測定された場合との一貫性が低くなると考えられる。

それでは、「自己」を知るためにはどのようにしたらよいのだろう。これは難しい問題だが、ひとつの方法は、自分の行動を観察し、そこから自分の態度を推論することだ。

たとえば自分をどの程度、肯定的にとらえているのか知りたいのなら、これまで周囲から与えられたフィードバックのうち、よいことと悪いことのどちらに注目したのか考えてみよう。

人事評価の面談においては、プラスの側面として伸ばすべき点と、マイナスの側面として改善すべき点が伝えられる。片方に注意が偏っているとか、どちらか一方しか記憶に残っていない、ということがあるだろうか。もしそうなら、そこから自分の自尊感情の程度を推論することができる。プラスのほうをよく思い出せるのなら、肯定的に自己をとらえているのだろう。

この説明と似た内容を「どこかで聞いた（読んだ）」と思われた方もいるだろう。これは、CHAPTER7で「自己確証動機」を説明した際に紹介した研究（Story, 1998）の知見を活かした方法である。こうした行動観察による推論は、自分を知るために役立つだけではなく、自分が他者をどうとらえているのかを知るためにも有効である。

＊3　潜在連合テストのデモンストレーションには、次のサイトから参加することができる。（Project Implicit　https://implicit.harvard.edu/implicit/takeatest.html）

PART 4

「集団」の印象はどのようにつくられるのか

CHAPTER

11 あなたは「あの人たち」をどう見ていますか

ステレオタイプ、偏見、そして差別

ＰＡＲＴ１では、「集団」のカテゴリーがある場合のバイアスをいくつか紹介した。「内集団（自分が所属する集団）」と「外集団（それ以外）」の区別に関わるバイアスである。ここでは、「外集団」とその成員の印象形成について説明する。

「ステレオタイプ」とは、特定の集団成員の属性に対する一般化された固定概念である。

たとえば、ＰＡＲＴ２で挙げた例のように、「チームスポーツのリーダー」という社会的カテゴリーに対し「外向的」という属性が結びついていて、「チームスポーツのリーダーは外向的だ」という「信念」が存在する場合である。これは集団に対する「認知的知識構造（スキーマ）」といえる。

こうしたスキーマに、「よい」とか「悪い」といった評価的要素や、「好き」とか「嫌い」といった感情的要素が加わったものが「偏見」である。「チームスポーツのリーダーは外向的なのでよい」というような場合だ。とくに、否定的な評価や感情をともなうものを「偏見」と呼ぶこともある。

さらに、この「偏見」に基づいて選択や意思決定などの行動がとられると「差別」となる。たとえば、「営業職の人事採用を行うときには、チームスポーツのリーダー経験者を優遇する」といった場合である。

それでは、なぜこのように特定の集団成員に対する「ステレオタイプ」が生じるのか、またなぜ「ステレオタイプ」が維持されるのかについて見ていこう。

「ステレオタイプ」はどのようにつくられるのか　――ステレオタイプの形成――

他者たちを「まとまり」として見て、その全体的な印象を持つようになることが「ステレオタイプ」の形成につながる。わたしたちの認知は、さまざまなかたちで「ステレオタイプ」の形成に関わっている。このことを**「カテゴリー化」**という過程と、**「錯誤相関」**という現象から考えていく。

「カテゴリー化」の影響

わたしたちは日常のなかで多くの人と出会う。そのため、相手がどういう人なのか、また相手に対してどう対応すればよいのか、すばやく判断する必要がある。ＰＡＲＴ１で紹介した印象形成の「２過程モデル」（Brewer, 1988）や印象形成の「連続体モデル」（Fiske & Neuberg, 1990）を思い出してほしい。そこで見たように、他者を「カテゴリー化」することによってその人に対するシンプルな見方が可能になる。

日常生活において、わたしたちは他者の「カテゴリー化」をよく行う。電車で座席に座っているとき、前に立った人が高齢者であれば立ち上がって席を譲ろうとするし、若い人であれば座ったままでいる。これは、相手を年齢によって「カテゴリー化」しているから可能なことだ。人の年齢は外見から判断しやすいので（年齢不詳の人もいるが）、カテゴリーとして用いられやすい。

同様の理由で、視覚情報に基づいた人種や性別のカテゴリーも他者の判断の際にしばしば利用される。他者をカテゴリーにあてはめること自体は、悪いことではない。ただし、こうしたカテゴリー化が「ステレオタイプ」の形成の過程に関わっていることには注意が必要だ。

ＰＡＲＴ１で紹介したように、「内集団」「外集団」というカテゴリー化によって、「内集団ひいきの現象」や「集団均質性の知覚」、また「黒い羊効果」が生じる。とくに、「集団均質性」は外集団に対して知覚されやすい。つまり、**ある外集団のある成員の特徴を、ほかの成員も共通して持っているように見てしまう**のである。

たとえば、アフリカ系アメリカ人のアスリートがスポーツ競技で活躍するのを見ると、同じ人種の人たちはみな身体的能力が高いと思うかもしれない。けれども、そうではない人もいるはずだ。海外の人からは、日本人はしばしば礼儀正しいイメージで描写されるが、そうではない人もいるのと同じである。このように、外集団の成員をみな同じように見ることが、その集団成員に対する「ステレオタイプ」を形成させてしまう可能性がある。

「錯誤相関」の影響

もうひとつ、「ステレオタイプ」の形成に関わる過程として検討されてきたのは、ふたつの目立つものがある場合である。そのふたつには本当は関連性がない、もしくはあったとしても弱い関連性しかないときでも、わたしたちは両者の関連性を強く知覚してしまうことがある。

少数派集団は目立ちやすい。たとえば、女性が多い職場にいる男性たちは注意を引く。また、他者の望ましくない行動は、望ましい行動よりも一般に目立ちやすい。そうした状況で、もしも男性社員が望ましくない行動をとったとしたら、男性というカテゴリーと、望ましくない特性とが結びつけられて記憶され、それらに関連があるように知覚されてしまうのである。このような**誤った関連づけの現象**は**「錯誤相関」**(Hamilton & Gifford, 1976)と呼ばれている。この現象のメカニズムについて検討した研究(Hamilton et al., 1985)を紹介しよう。

研究では参加者に小冊子を渡し、その内容を読むように伝えた。小冊子には、39人のターゲットとなる人物について、1ページにひとりずつ名前、グループ名(AもしくはB)、その人の行動(「望ましい」もしくは「望ましくない」)が書かれていた。

行動の内訳として、グループAでは18名が「望ましい行動」、8名が「望ましくない行動」をとっていた。グループBでは9名が「望ましい行動」、4名が「望ましくない行動」をとっていた。参加者には、各ページを10秒ずつ読み進めてもらった。そしてすべてのページを読み終わってから4分後に、おぼえていることを全部記述するよう依頼した。

続けて、グループAが26人、グループBが13人であったと告げたあと、それぞれのグループの「望ましい行動」と「望ましくない行動」の数を思い出し回答してもらった。また、それぞれのグループの「好ましさ」を評定してもらった。

参加者の記憶について検討したところ、「望ましくない行動」は、「望ましい行動」よりもよく記憶されていた。さらに少数派であったグループBの「望ましくない行動」は、グループAの「望ましくない行動」や、両グループの「望ましい行動」よりも、よく記憶されていた。また好ましさの評定では、グループAのほうがグループBよりも好ましく回答されていた。

実験で示された行動の数を見てほしい。どちらのグループとも「望ましい行動」と「望ましくない行動」の割合は同じであった。それにもかかわらず、少数派の「望ましくない行動」は記憶に残りやすく、その集団に対する好意を低めた。つまり、**「少数派集団である」ことと、「望ましくない行動」をしたということ、このふたつの目立つことが結びつけられ**

てしまったのである。

このように、少数派であることが、その集団に対する否定的な「ステレオタイプ」の形成につながる可能性がある。さきほど例に挙げた、女性の多い職場にいる男性、反対に男性の多い職場にいる女性、また、たとえば来日中の外国人は、その望ましくない行動が注目を集める。その結果、集団のカテゴリーに対する否定的な「ステレオタイプ」がつくられやすいのである。

「ステレオタイプ」は変わりにくく、消えにくい ――ステレオタイプの維持――

いったん形成された「ステレオタイプ」は、変わりにくく、また消失しにくい。わたしたちの認知は、さまざまなかたちで「ステレオタイプ」の維持に関わっている。このことを、情報処理における「確証バイアス」の働き、「サブタイプ化」という過程、そして「ステレオタイプの内容」という観点から考えていこう。

「確証バイアス」の影響

すでにPART2で見たように、わたしたちは他者の情報に対する「探索」「記憶」「解釈」、そして「予測」というそれぞれの段階で自分の「信念」を確証していく。

出会ったAさんがチームスポーツのリーダーの経験者であると、「チームスポーツのリーダーは外向的だ」という「ステレオタイプ」に一致する内容をAさんの情報の中から探し、また外向的な特徴をそうでない特徴よりも記憶しやすい。Aさんに関して新しい情報を与えられた場合も、それを外向的なためと解釈し、さらにAさんの行動を予測するときにも外向的な行動をとるだろうと考える。こうした「確証バイアス」の働きが、わたしたちの「ステレオタイプ」を維持させている。

「サブタイプ化」の影響

「ステレオタイプ」の維持に関わるほかのプロセスとして、**「サブタイプ化」**がある。これは、**集団の「ステレオタイプ」と一致しないターゲットに関する情報が与えられたとき、その集団の中に「サブタイプ（下位集団）」がつくられる**というものである（Weber & Crocker, 1983）。

たとえば、新しく出会ったBさんは、チームスポーツのリーダーであるけれども、話してみるとまったく外向的ではなかった。また、次に出会ったCさんも、リーダーの経験者であるけれども外向的ではなかったとする。

こうした経験をするうちに、「チームスポーツのリーダーは外向的だ」という「信念」が修正されてもおかしくはない。しかし、「サブタイプ化」が起こるとそうはならないのだ。「チームスポーツのリーダー」という集団の中に、「寡黙なリーダーたち」という例外的な下位集団があるように思われてしまうのである。

そのため、もし外向的でないチームスポーツのリーダーに出会ったときも、「この人は例外」と考える。そうすると、「チームスポーツのリーダーは外向的だ」というステレオタイプはそのまま維持されることになる。

同様に、たとえば会社の男性上司が「女性は仕事ができない」というステレオタイプを持っていたとしよう。その部署に異動してきた女性Aさん、また入社してきた女性Bさんも、優秀なビジネスパーソンであった。彼女たちと出会うことで「信念」が修正され、上司は女性の能力の高さを見直すのだろうか。

しかしながら、この場合も、AさんやBさんは「キャリア女性」として例外化されるだけで、女性一般に対する上司のステレオタイプは維持されていく可能性がある。

さて、あなたは気づいただろうか。わたしたちは日常のなかで「キャリア女性」という表現を使う。いまも、説明のなかでその表現を用いた。これはまさに、女性集団における「サブタイプ化」を示すものである。

「ステレオタイプ内容モデル」における集団の位置づけ

「ステレオタイプ」の維持に関連することとして、外集団に対するわたしたちの見方が影響している可能性がある。このことに関し、**「ステレオタイプ内容モデル」**（Fiske et al., 2002）を紹介しよう。

わたしたちが他者を見るときの視点に関し、性格を表す語（特性語）を分析して検討した研究では、「社会的な良さ―悪さ」と「知的な良さ―悪さ」というふたつの次元が見出されている（Rosenberg et al., 1968）。研究で挙げられた特性をいくつか紹介しよう。

「社会的な良さ―悪さ」の軸には、肯定的な「誠実な」「社交的な」「温かい」と、否定的な「不正直な」「不愛想な」「冷たい」などが両極に位置づけられている。また「知的な良さ―悪さ」の軸には、肯定的な「科学的な」「毅然とした」「勤勉な」と、否定的な「愚かな」「軽薄な」「理解力のない」などが両極に位置づけられている。

つまり、**他者を見るときに、わたしたちは相手の人柄がよいかどうか、また能力が高いか**

どうか、ということに基づいて見ているということだ。あなたも他者について説明するときに「Aさんは優しい」とか「Bさんは優秀だ」という表現を用いることが多いのではないだろうか。

わたしたちは、「集団」に対してもこうした次元に基づいて見ているようである。さまざまな集団に対するイメージを分析して検討した研究では、ステレオタイプが「温かさ」と「有能さ」というふたつの次元によってとらえられることを示している。この二次元でステレオタイプを表したのが「ステレオタイプ内容モデル」である。

このモデルによると、**集団間関係における地位や競争が、これらの次元のどこに他集団を位置づけるのか決める**という。

具体的には、自分たちの集団よりも地位が低く、また競争的な関係にはない集団（たとえば、高齢者たち）に対しては「温かいが能力が低い」というステレオタイプを持つ。他方、自分たちの集団よりも地位が高く、競争的な関係にある集団（たとえば、高学歴な人たち）に対しては「有能だが冷たい」というステレオタイプを持つ。

このように、ひとつの軸では肯定しながら、もう一方の軸で相手の集団を低めるのだ。これは、**アンビバレント（両面価値的）なステレオタイプ**である。

なお、「冷たく能力が低い」というように、どちらの次元においても低くみなされる集団もある（たとえば、貧しい人たち）。また、「有能で温かい」というように、どちらの次元においても高くみなされる集団もある。自分たちの集団、すなわち「内集団」はここに位置づけられている。

「内集団」を望ましい集団として位置づけることは、その一員である自分も望ましい存在であることを意味する。PART3で紹介したように、わたしたちには自分を肯定的にとらえたいという動機がある。「内集団」を望ましい集団とみなすことは、この動機を満たしてくれるのである。

さらに、こうしたステレオタイプは、偏見的感情とも結びついている。「冷たく能力が低い」集団に対する軽蔑の感情、「温かく有能な」集団に対する賞賛の感情である。また、両面価値的な「温かいが能力が低い」集団に対する哀れみの感情、そして「有能だが冷たい」集団に対する妬みの感情である。

なお、ここで注意が必要なのは、哀れみの感情や妬みの感情は、ポジティブさとネガティブさの両方がミックスされた感情であることだ。

他集団に対する哀れみの感情は、その集団への同情を含む一方、相手集団が自分たちの集団よりも劣っているという認知に基づく。こうした集団は、自分たちにとって安全な存在であり、ときとしてその集団に対する庇護的行動を生じさせる。

他方、他集団に対する妬みの感情は、その集団の優れた特徴に対する憤りや恨みもともなっている。優れた能力を持つ集団は自分たちにとって脅威となりうる。そのため、ときとしてその集団に対する攻撃的行動が生じるという。こうした偏見的感情から生じる差別的行動についてては、のちほど詳しく説明しよう。

集団の位置づけによって生じる「両面価値的性差別」

さて、さきほど述べたように、「ステレオタイプ内容モデル」では、わたしたちがしばしばほかの集団を両面価値的に位置づけることを示している。モデルによると、ステレオタイプの多くはこのパターンであり、温かさの次元と有能さの次元のどちらか一方は高いが、もう一方は低いとみなされている。これは、**「両面価値的性差別」**（Glick & Fiske, 1996）とも関連する考え方である。このテーマを取り上げた研究について紹介しておこう。

研究によると、女性に対する性差別には「敵意的性差別（hostile sexism）」と「慈悲的性差別（benevolent sexism）」がある。

前者は非伝統的な女性に対して向けられる差別であり、男性優位なビジネス社会において能力を発揮する女性（いわゆるキャリア女性）などがターゲットとなる。相手の有能さは認めざるをえないが、温かさを低くみなすのである。

たとえば、優秀なAさんという女性に対して、「Aさんは、たしかに仕事はできるけれども、部下の気持ちがわからないひとだ」などと評するのもそうである。こうした印象は、Aさんの昇進を阻むものとなる。

対照的に、後者は伝統的な女性に対して向けられる差別であり、従来の性役割の範囲にとどまる家庭女性（いわゆる専業主婦）などをターゲットとする。相手の温かさは認めるが、能力を低くみなすのである。

後者のほうは一見、ポジティブなトーンを帯びている。「Bさんは優しいひとだ」という印象を持たせるからである。また、相手への援助につながる場合もある。「この仕事はBさんには難しそうだなあ。代わりにやってあげるか」と思わせるのである。援助は相手のためにとられる肯定的行動（向社会的行動）のひとつであり、Bさんもそれをありがたいと受け取る場合もある。

しかしながら、この性差別もまた重大な問題を抱えている。たとえば、部下がみな同じ業務を任されている職場で、上司が男性部下のことは姓で呼ぶのに、女性部下のCさんだけを名前で呼んだり、その容姿に言及したりする。こうしたことは、Cさんの仕事ぶりが劣っているかのような印象を周囲に与える。この場合もCさんの昇進が阻まれるのである。

「システム正当化動機」がステレオタイプの維持に与える影響

いま説明したようなことは、わたしたちの日常でしばしば見られる現象である。たとえば日本は、管理職における女性の比率が主要国の中で低い。雇用機会均等に関する法律が施行されてから40年も経っておらず、現在の企業経営層の中には、この法律の施行前に入社したという人も多いだろう。変化には時間がかかることが、女性リーダーの登用が進まない原因のひとつかもしれない。

ただし、わたしたちの「社会システムを正当化する動機」も、現状維持に影響を与えている可能性がある。これからこの点について紹介していこうと思うが、むしろ、こうした心理的な要因のほうが変化を生じにくくさせているのかもしれない。

「システム正当化動機」とは、**社会システムを容認したり支持したりする動機**のことである（Jost et al., 2012）。理論によれば、集団に対するステレオタイプが、システム正当化の役割を果たすと考える（Jost & Banaji, 1994）。

なお、**社会システムにおける低地位集団の成員であっても、そのシステムの公平性や正当性を認める場合がある。**その理由として、「不協和低減のメカニズム」が挙げられている。

「地位が低い集団」の成員は、社会システムが自分たちに不利益を生じさせていると思う一方で、自分たちがシステムの安定に寄与しているとも思う。この**ふたつの認知は不協和を生じさせてしまうので、それを低減するために現状が支持される**（Jost et al., 2003）。

この理論に関して、さきほど説明した「両面価値的ステレオタイプ」で考えてみよう。「温かいが能力が低い」とみなされる集団が、自分たちのステレオタイプを受け入れる。そうすることで、有能な集団から守られる存在となるのだ。中には、守られる立場であることにメリットを感じる集団成員もいるかもしれない。こうしたことが、ステレオタイプや社会的システムの維持につながっていくと考えられる。

「バイアスマップ」が示す集団への偏見や行動

「ステレオタイプ内容モデル」によって、集団のステレオタイプが偏見的感情と結びついていることが説明される。このモデルを発展させた理論が**「バイアスマップ（Behaviors from Intergroup Affect and Stereotypes: BIAS map）」**である（Cuddy et al., 2007）。

この理論によると、ステレオタイプや偏見的感情がその集団に対する行動を引き起こすという。温かさの次元は、支援や危害などの積極的行動を生じさせる。有能さの次元は、無視や連携といった消極的行動を生じさせる（次ページ図6）。

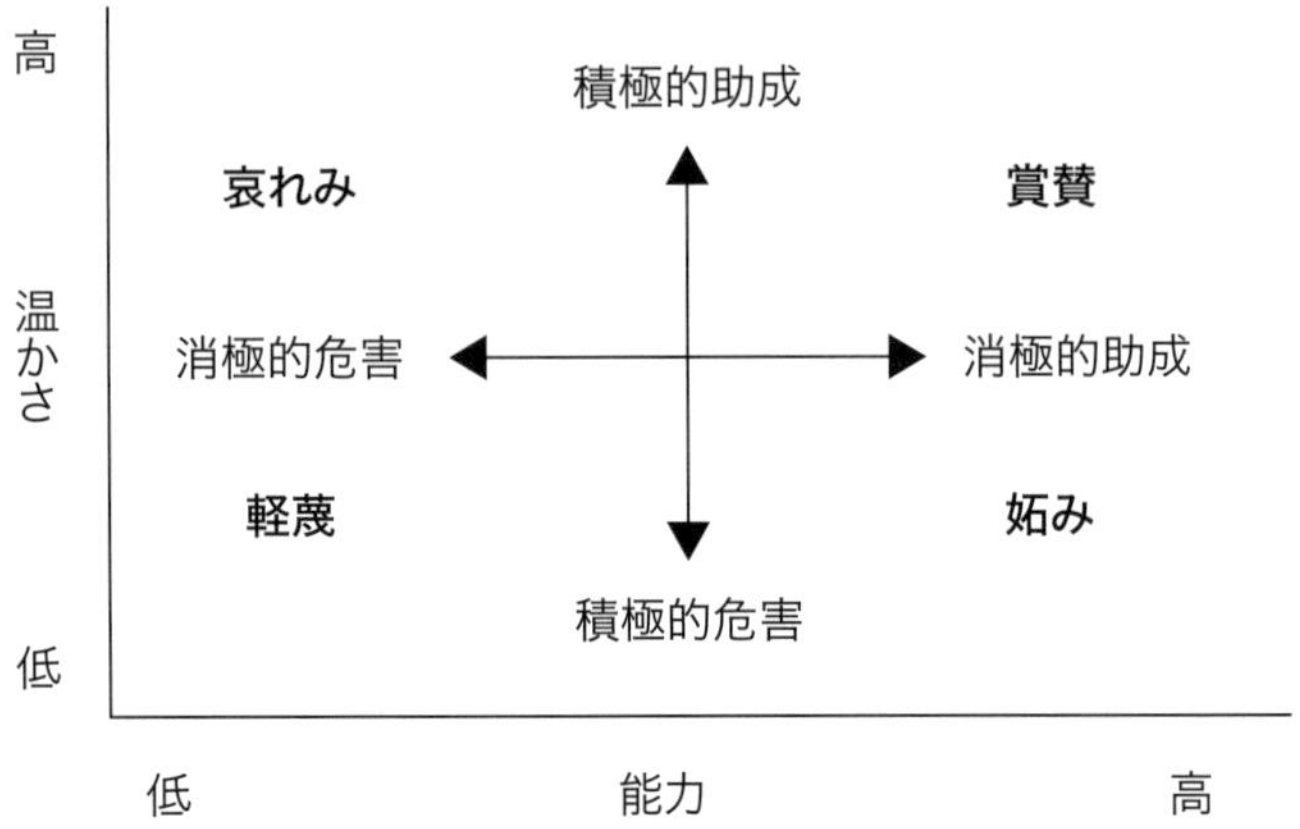

（Cuddy et al., 2007 を基に作成）

図6.「バイアスマップ」の概念図

モデルでは、次のように集団の位置づけと、その集団に対する行動について論じている。

「温かく有能な」集団に対する賞賛は、その集団メンバーとの協力や接触につながる。「冷たく能力が低い」集団に対する軽蔑は、その集団メンバーの排除や無視につながる。「温かいが能力が低い」集団に対する哀れみの感情は、その集団メンバーに対する積極的支援につながる一方、消極的回避にもつながる。そして「有能だが冷たい」集団に対する妬みの感情は、その集団メンバーに対する消極的協調につながる一方、積極的な敵意的行為にもつながるのである。

これまでに説明したことをまとめておこう。「ステレオタイプ内容モデル」や「バイアスマップ」は、わたしたちが「あの人たち」の印象をどのようにとらえているのか、そして「あの人たち」に対してどのような感情を持ち、行動をとるのか描写する。

わたしたちはほかの集団に対して、あからさまな偏見的感情を向けたり、差別的行動をとったりすることを控える。これは、露骨な偏見や差別が非難されることを知っているからだ。その代わり、**ひそかな方法でほかの集団を自分たちよりも劣る場所に位置づけて、偏見や差別の対象とする。**そうした**「両面価値的ステレオタイプ」**は、ほかの人種の人たちとの接触を回避することや（Gaertner & Dovidio, 1986）、さきほど見たような年齢による差別や性差別などにつながっていく。

「システム正当化理論」は、格差を生み出す社会システムが変わらない理由を示し、ステレオタイプが維持されるプロセスを説明する。そこで説明したように、正当化する動機の働きが、「あの人たち」の印象が変わることを阻止している。また、「わたしたち」自身に自分たちの印象を維持させていることもある。

なお、「両面価値的性差別」の理論は、もともと男性による女性への差別を取り上げたものであるが、問題となるのはもちろんそれだけではない。女性による男性への差別もあるし、同性による差別もある。近年では、家庭的な男性（いわゆる専業主夫）や、育児休暇を取得する男性のように、家事育児の役割を男性が担うケースもある。

しかし、「男は社会で働くものだ」という従来の性役割観がそうした変化を阻害する。また、能力の高い集団成員に対する妬みは同性の間でも認められる。こうした妬みから、相手の足を引っ張ることや、悪い噂を流すことなどの攻撃行動が同性に対しても生じる。以前から、性的指向や性自認に関わる差別も大きな問題となっている。

さて、あなたは自分もこうした「集団のカテゴリー」に対するステレオタイプを持っていて、もしかしたらそれが偏見や差別に結びついているのではと心配になったかもしれない。あるいは、自分にはそのような偏見がないし、差別などしたことがないと思ったかもしれない。

どちらだとしても、もし本当に自分がそう思っている通りなのか知りたかったら、PART3で紹介した「潜在連合テスト」を思い出してほしい。潜在的、つまり無自覚に自分が特定の集団に対してどのような態度を持っているのかを試すことができる。この節で取り上げた年齢、ジェンダーとキャリア、性的指向に関連した課題も用意されているようだ（2021年10月現在）。

CHAPTER
12
あなたは「あの人たちのこと」を仲間にどう伝えていますか

ほかの人もそう思っているはず ——「ステレオタイプ」の共有——

「ステレオタイプ」は特定の集団成員とその属性との結びつきに対する認知であるが、そこには、「自分がそう思う」だけではなく、「ほかの人もそう思っていると思う」ことが関わっている。

たとえば、「チームスポーツのリーダーは外向的だ」と思っている人は、その認知が多くの人、とくに自分の所属する集団成員に共有されていると思う。こうした共有の知覚が高いほど、特定の集団をステレオタイプ的に見るようになる。このことについて検討した研究

(Haslam et al., 1996) を紹介しよう。

研究はオーストラリア人の大学生を対象に実施された。参加者は、ある84語のリストからオーストラリア人（自集団条件）、もしくはアメリカ人（他集団条件）に典型的な特徴を表した言葉を5つ選択するよう依頼された。

その際、渡されたリストでは、84語のうちオーストラリア人の特徴に関するもの5語（たとえば「正直な」）、もしくはアメリカ人の特徴に関するもの5語（たとえば「国家主義的な」）が目立つように大文字で表記されていた。さらに、それらの大文字で表記された5語に関する説明として、以前の調査において参加者と同じ大学の学生で偏見のない人たち（内集団）、もしくは外集団の偏見のある人たち（外集団）によって、オーストラリア人の特徴もしくはアメリカ人の特徴として選ばれたものであることが記述されていた。

研究の参加者は告げられた条件に応じて5語を選択し、さらにその集団の中で選択した特徴にあてはまる人の割合を推定した。具体的には、自集団の条件であれば84語からオーストラリア人の特徴を表していると思う5語を選択して、その特徴にあてはまるオーストラリア人の割合を回答した。他集団の条件であれば、84語からアメリカ人の特徴を表していると思う5語を選択して、その特徴にあてはまるアメリカ人の割合を回答した。

研究結果の一部を紹介しよう。参加者自身の集団、つまりオーストラリア人の特徴を表す語に関して、参加者の回答を分析したところ、「外集団の人たちがオーストラリア人の特徴として選んだ」と伝えられた場合、同じ語が選択されることが少なかった。また、その特徴を持つオーストラリア人の割合も低く回答された。

このことは、外集団成員によって自分たちがステレオタイプ的に見られていると思うと、それに反発するような働きが生じることを示唆している。

他方、アメリカ人の特徴を表す語に関して、参加者の回答を分析したところ、「同じ大学の学生（内集団）がアメリカ人の特徴として選んだ」と伝えられた場合、同じ語が選ばれることが多かった。また、その特徴を持つアメリカ人の割合も多く回答されていた。

つまり、アメリカ人に対するステレオタイプは、内集団成員がそのステレオタイプを持っていると思うと強く示されたのである。共有の知覚がステレオタイプ的な見方を促進させたと考えられる。

たとえば、ある企業の面接の担当者Aさんが「チームスポーツのリーダーは外向的だ」という「信念」を持っていたとしよう。Aさんはあるとき同僚たちと話をしていて、同僚BさんもCさんも、「チームスポーツのリーダー」に対して同じように思っていることを知った。そうすると、自分の「信念」に対する確信度が高まる。

内集団成員である同僚が同じステレオタイプを共有しているという知覚によって、「チームスポーツのリーダー」というカテゴリーに対するステレオタイプが強まるのだ。そして、面接に来た採用候補者Dさんが「チームスポーツのリーダー経験者」であると知ると、「Dさんは外向的な人に違いない」と思うのである。

「信念」はどのように共有されていくのか

「共有されたリアリティ」によって信念が強まり、仲間とも結びつく

「ステレオタイプ」は、わたしたちが他者（特に内集団成員）と共有している（と思う）「信念」である。この点において、「共有されたリアリティ（shared reality）」のひとつと考えることができるだろう。

PART2でも、わたしたちが「他者と同じ経験をしていると思うこと」について説明した。**「共有されたリアリティ」を持つことによって、世界に対する自分の理解が信頼でき、妥当なものだと思う**（Hardin & Higgins, 1996）。また、**他者と結びついているという感覚を得る**

(Echterhoff & Higgins, 2018)。前者は**「動機づけられた認知(motivated cognition)」**、後者は**「動機づけられた結びつき(motivated connection)」**(Echterhoff & Higgins, 2021)である。

このふたつは互いに影響し合う。ひとつは、「動機づけられた認知」から「動機づけられた結びつき」へと向かう影響過程である。世界に対する真実を他者とともに経験すること、つまり、**「動機づけられた認知」を持つことは、「動機づけられた結びつき」を成立させ、他者との親密性の経験をもたらす**(Ecterhoff & Higgins, 2021, p.186)。

面接の担当者Aさんは、同僚も自分と同じように「チームスポーツのリーダーは外向的だ」と思っていることを知ると、同僚に対して結びつきを感じて、親密感を得るのである。

もうひとつは、「動機づけられた結びつき」から「動機づけられた認知」へと向かう影響過程である。世界に対する自分の経験を他者にも構築させること、つまり、**自分の経験を共有させて「動機づけられた結びつき」を得ることは、経験を主観的なものから客観的なものへと転換させる。経験は真実となり、「動機づけられた認知」を成立させる**(Echterhoff & Higgins, 2021, p.186)。

面接に来た採用候補者のDさんは「チームスポーツのリーダー経験者」であり、面接では思った通り「外向的」なふるまいをした。面接の担当者Aさんは、一緒に面接を担当した同僚のEさんが「やはりAさんの見込んだ通りでしたね」というのを聞くことによって、「信念」に対する確信をさらに強めるのだ。

「ステレオタイプに一致する情報」は話題にのぼりやすい

いま見たように、わたしたちは他者と「リアリティ」を共有することで結びつく。同時に、他者と結びつくことで「リアリティ」を共有する。こうした相互作用は、コミュニケーションによって行われる。

さきほど、「ステレオタイプ」も「共有された現実」のひとつとみなせることを説明した。じつは「ステレオタイプ」に関するコミュニケーションが、他者との結びつきにおいて重要な役割を果たすことがある。わたしたちは、「ステレオタイプ」に一致する情報を話題にすることで、会話の相手と関係性を築くのである。

二者間の会話では、第三者のステレオタイプと一致する情報が、ステレオタイプと不一致な情報よりもよく話されるという。これは**「ステレオタイプ一致バイアス」**と呼ばれる(Clark & Kashima, 2007)。第三者のステレオタイプに一致する情報のコミュニケーションは、会話の相手と自分との類似性や、相手に対する好意を伝え、ふたりの間に共通の基盤（common ground）があることを示すのだ。このことについて検討した研究（Clark & Kashima, 2007）を紹介しよう。

最初の実験では、ターゲットとして、若い男性に関する文章を参加者に示した。文章には、「男性ステレオタイプ」に一致する情報と不一致の情報、またステレオタイプとは無関連な情報が含まれていた。たとえば、ターゲットの職業はフットボール選手もしくは作家であると説明された。フットボール選手のステレオタイプは「男性ステレオタイプ」と一致しており、作家のステレオタイプは「男性ステレオタイプ」とは不一致な内容である。

参加者には、文章中の各情報に対して「もし自分と同じ大学の学生（伝達相手）に伝えるとしたら、この情報をどの程度伝えたいか」を回答してもらった。また各情報に対して、「伝達相手との結びつきをつくるのに、どの程度役立つか」など結びつきに関する項目や、「伝達相手がターゲットを知るのに、どの程度役立つか」など情報的価値に関する項目にも回答してもらった。

結果を分析したところ、ターゲットのステレオタイプに一致する情報は、コミュニケーションの相手との結びつきにつながると考えられていた。他方、こうした情報は、ターゲットに関する情報的価値は低いと考えられていた。

この結果は、わたしたちがコミュニケーションの伝達相手、とくに内集団成員との関係性構築のため、第三者のステレオタイプに言及する可能性を示唆している。それは、「ステレオタイプ」の存在が、ふたりの距離を近づけると思うからかもしれない。

たとえば、Aさんは自分の上司であるBさんについて、別の部署にいる同期Cさんと話すとき、Bさんのステレオタイプに関連した情報（バリバリの「キャリア女性」で部下に「厳しい」など）を話題にする。すると、同期Cさんとの話も盛り上がるというようなときだ。

さきほど紹介した研究（Clark & Kashima, 2007）には続きがある。今度の実験は、受け取った情報を次の人に伝えていく形態（連鎖再生法）で実施された。伝言ゲームのようなコミュニケーション・チェーンをつくったのである。

チェーンの1番目の参加者に、ターゲットである若い男性に関する文章を示し、その内容を2番目の参加者に伝えるメッセージを書くよう依頼した。2番目以降の参加者も次の参加者に伝達メッセージを書き、これを4番目の参加者まで続けた。その際、内集団でターゲットの職業のステレオタイプを共有している人が多い（共有度が高い条件）、もしくは少ない（共有度が低い条件）と伝えることによって、共有の知覚の高低を操作した。

参加者が書いたメッセージの内容を分析したところ、共有度が高い条件ではステレオタイプと一致する情報のほうが、不一致の情報よりも多く記述されていた。つまり、メッセージの伝達相手とステレオタイプを共有していると思うと、ステレオタイプ的なメッセージが伝えられるのである。また、こうした情報の伝達が社会的結びつきの機能を果たしていることも示された。

さきほどの例で考えてみよう。Aさんからその上司Bさんのことを聞いた同期Cさんが、別の同期Dさんに話をするとき、Bさんのステレオタイプ（Aさんによると「キャリア女性で部下に厳しい」）に一致する情報が、そうでない情報よりも話題にのぼりやすいのである。そうすると、Aさんの同期の間ではキャリア女性のイメージはますます固定化される一方、同期たちの絆は強まっていく。

ここまで、「外集団成員」に関する内集団成員どうしのコミュニケーションが、内集団の人間関係に影響を与えることを説明した。こうした内集団成員どうしのコミュニケーションは、外集団に対する否定的態度にも影響を与える。

もともと自分たちとは、あまり関係がうまくいっていない特定の集団があるとしよう。その成員との接触が予期される状況で、内集団成員どうしで話をすることの影響を検討した研究がある（Greijdanus et al., 2015）。

研究はある大学の学生を対象に実施されたが、大学生の集団と実際にコンフリクト（対立）関係にある大学近郊の住民たちを外集団とした。大学生どうしで話をすると、住民の集団に対する否定的な見方が共有され、自分たちの敵意が知覚された。また、住民の集団から自分たちも否定的に見られていると思うようになった。さらに、自分たち、つまり内集団に対する同一視の程度が強まった。

競合する集団と会う前に、相手について自分たちで話をすると、相手集団に対する否定的態度をお互いに確認してしまうのだ。すると、内集団と外集団の隔たりがより大きく知覚され、その結果、集団間のコンフリクトがさらに強まると考えられる。

たとえば、組織において部門間にコンフリクトがあるような場合、自分たちの部署内で話すことは、相手部門に対する敵意を再認識させてしまうかもしれない。そうすると、コンフリクトの解消や合意形成がもっと難しくなるだろう。

「ステレオタイプに一致しない情報」も重要なときがある

最後に、「ステレオタイプ一致バイアス」が見られない場合についても紹介しよう

(Karasawa et al., 2007)。

研究では、内集団成員どうしで会話をする際、外集団のターゲットに対する正確な印象判断を求めた。その結果、「ステレオタイプ一致バイアス」が認められず、むしろ会話においては不一致情報のほうが多く言及された。他方、内集団のターゲットに対して検討した場合には、会話において一致情報のほうが多く言及された。

外集団の成員に対し正確な判断をする必要があると、わたしたちは「ステレオタイプ不一致情報」に注目したり、その意味や理由を検討したりするのだろう。不一致情報のほうが、一致情報よりも情報的価値が高いからである。

とくにその外集団と対立的な関係にあるときや、その外集団成員と自分たちがよく比較されるとき、こうした「ステレオタイプ不一致情報」への偏りは大きくなると予測できる。不一致情報は、相手集団がいままでのイメージを裏切って、「自分たち」の地位を脅かす存在へと変化しつつあることの兆候かもしれないからだ。

たとえば、営業企画部門にいる社員が、「自分たち」は創造性に富み、組織に利益を生み出しているが、経理など間接部門の「あのひとたち」は与えられた仕事をまじめにこなしているだけ、と思っていたとしよう。お互いの部門は経費の使途などに関して、しばしば対立もする。

あるとき、新規事業のアイデアに関する社内公募が行われ、間接部門の社員やチームからいろいろと優れたプランがエントリーされたことを知る。

これは「あのひとたち」のステレオタイプとは不一致な情報である。これまで自分たちを優位に見ていたが、上層部はそう思わない可能性もある。営業企画部門の社員は不安になり、この「ステレオタイプ不一致情報」について同じ部署の同僚と話題にするだろう。そして「自分たちも何かアイデアを出さないとまずい」と焦ったり、「あのひとたち」がエントリーしたプランのあら探しをしたりするかもしれない。


このように見てくると、「外集団成員のステレオタイプ」に一致する情報と、不一致な情報は、内集団のコミュニケーションにおいて異なる役割を果たしていることがわかる。

一致する情報について話すことは、自分たちが知識や考え方を共有していることを確認させ、お互いの関係性を強化する。また、自分たちと「あのひとたち」との違いを際立たせる。

他方、不一致な情報について話すことは、「あのひとたち」についてよく考えさせ、もし必要であれば「あのひとたち」の変化に対抗する準備をわたしたちに促すのだ。

ここまで、「集団に対するステレオタイプ」が形成され、また維持される過程について紹介した。わたしたちが他者を「カテゴリー化」したり、「目立つ集団」と「目立つ特徴」とを結びつけたりするのは、こころの「認知的な働き」といえる。ただし、そこに「自分たち」の集団をほかの集団よりも優位な立場に置こうという「動機」が加わると、偏見や差別が生じやすい。

集団の位置関係に変化が起こりにくいのは、わたしたちが両面価値的な感情をほかの集団に向けたり、さらには自分たちに向けられる感情を肯定したりして、世の中はバランスがとれていると思うためかもしれない。

「ステレオタイプ」は他者とのコミュニケーションにおいても強まり、維持されていく。ほかの集団に対して持つ「ステレオタイプ」が、自分の仲間にも共有されていると知覚すると、わたしたちはさらに「信念」を強める。また「ステレオタイプ」に関連した情報をコミュニケーションすることで、仲間との結びつきも強めていく。

このように、**わたしたちが特定の集団に対して持つ印象は、「自分たち」と「あのひとたち」との関係をつくり出す。**そして**「自分たち」をさらに結びつけるとともに、「あのひとたち」への距離を遠く知覚させる**のである。

PART
5

本当に「その印象」でよいのか

CHAPTER
13
わたしたちが抱く「印象」に、バイアスはどのような影響を与えるのか

「思考のくせ」がわたしたちにもたらすもの

わたしたちが「他者」や「自分」、そして「集団」に対して判断するとき、その判断に「思考のくせ（バイアス）」が生じることがある。ここまで、そうしたいくつもの例について見てきた。主なものに関して、少し振り返ってみよう。

「他者」の印象を形成する際、わたしたちは「確証バイアス」の影響を受けることがある。**多くの場合、相手に対して事前に予想したことにそって相手の情報を収集しようとする。**ま

た、**予想と一致した情報を記憶する。新しい情報が与えられたときも事前の予想にそって解釈する。**つまり、相手の印象を決めるときに利用するのは、そのように偏って選択された情報である。さらに、将来の相手の行動もそうした偏った情報に基づいて予測する。

「他者の考えていること」を理解しようとするときには、次のふたつの方法のどちらかを用いやすい。**相手が自分と似ていると思えば、自分の考えを投影する。似ていないと思えば、相手のカテゴリーに対して持つイメージを用いて判断する。**つまり、相手と自分が似ているかどうかによって、方略を切り替えるのである。

相手に対して好意を抱くとき、自分に似た人を好きになることがある。相手のことを別の人に伝えるときには、自分が相手をどう思っているかということによって伝え方が変わる。相手を好ましく思っていれば、相手の望ましい行動が性格によるものであるかのように聞き手に向けていう。これは、そうした行動がいつも行われていることを強調することによって、相手のよい印象を聞き手とも共有しようとするためだ。

「自分」をどうとらえるかということも、他者の判断に影響を与える。**しばしば自分に対するイメージの次元にそって相手を理解しようとする**からだ。なお、わたしたちは基本的には自分を高く評価したいと思っていて、**自己評価を低めないですむように、ときには「重要な他者」**

から距離を置いたり、相手との比較で自分が劣ってしまった課題への関与を低めたりする。課題への関与を低めるということは、その課題を重要と思わない自分をつくり出すことになるので、自己に対する見方が変わるといってもよいだろう。

このように「自己」をどうとらえるのかということは、状況によって変化することがある。**「自分は他者からこういう印象を持たれたい」と思ってその姿を演じているうちに、実際に演じた方向に自分自身が変わっていくこともある。**

ほかにも、「他者からどう見られるか」ということに関する「バイアス」がある。**わたしたちは自分に注意を向けがちで、出来事の原因が自分によるものと考えたり、自分の行動が周囲の注意を引いていると実際以上に思ったりすることもある。**

このように、他者の印象や状況に対する判断にも大きな役割を果たす「自己」であるが、その成り立ちには、「重要な他者」が関わっている。そのため、**「重要な他者」のことを思い浮かべると自分に対するイメージも変わる。**

なお、わたしたちが自分について自分自身でわかる部分というのは限られている。そのため、**自分が何かについて考えたことの理由を説明しようとすると、態度と行動が一致しなくなる。**自分のことは自分が一番わかっているというのも、思い込みのひとつかもしれない。

「自分が所属する集団（わたしたち）」と「そうでない集団（あの人たち）」と、人をカテゴリー化することで、そのカテゴリーの中の人たちを似ていると思ったり、カテゴリー間の違いを大きく見積もったりする。このことから、いろいろな「思考のくせ」が生じる。

自分を何らかの集団のメンバーとみなすと、自分たちをひいきするようになる。その一方で、同じ集団内でも自分たちの足を引っ張っていると思うメンバーを否定的に見てしまう。自分の集団のメンバーに対して厳しい目を向けることもあるのだ。

そのように自分が所属する集団を見るときの「思考のくせ」があることに加えて、わたしたちは、ほかの集団の人に対しても「思考のくせ」をともなった見方をする。その大きなものは、「集団のカテゴリーに対するステレオタイプ」を利用するということだ。

とくに、**ほかの集団の人たちの「温かさ」と「能力」のどちらかを低めてとらえて、世の中はバランスがとれていると思う傾向がわたしたちにはある。**このことは、ほかの集団に対する差別にもつながっていく。

自分の所属する集団のメンバーが、自分と同じステレオタイプ的信念を持っていると思うと、その信念はより強くなる。また、**コミュニケーションをするときに、相手と自分が共通して持つステレオタイプに一致した他者の情報を伝えることによって、相手との結びつきが強まるように思う。**「信念」の共有とお互いの結びつきは、互いに影響を与え合うのである。

「思考のくせ」の問題、そしてむしろ良いこと

これらのことは、ここまで本書で紹介してきたことであるが、並べてみるとあらためてわたしたちが持つ「思考のくせ」が広範囲にわたることに気づく。

もしかすると、「自分」や「他者」、また「集団の中の人びと」に対してこれまで抱いてきた印象の多くはゆがんでいたのかもと思う。自分を肯定的に見続けたいため、本当はまだ達成に向けて努力したい課題であったのに、その重要性を低めて認知し、取り組むのをやめてしまったことがあるなら、そのときの決定を後悔するかもしれない。

また、もしこれまで他者やほかの集団に対して好ましくないと思ったり、否定的に思うから相手と距離を置いていたりしたということがあれば、そうした判断を考え直したほうがよいと思うかもしれない。

たしかにゆがんだ判断に基づくと、適切ではない行動がとられてしまう。目標遂行に対する早すぎるあきらめや、他者への差別、集団間の対立といった望ましくない結果が、これらの「思考のくせ」から生じている可能性がある。

他方、これまでもお伝えしたように、こうした「思考のくせ」のいくつかは人間が社会や状況において適応的に生きることに役立つ。**他者に関する多くの情報がある中から、何らかの手がかりを見つけて、それにそってすばやい判断を行うことは、ときとして重要だ。**

たとえば通勤途中、ほかの人とは異なる怪しい様子の人がこちらに向かって来たとしよう。そうした場合、とっさにその人を「不審者」というカテゴリーにあてはめて、そういった人がとるであろう行動を瞬時に予測する。そしてその行動への対処として、その場から急いで立ち去る。

相手を知覚してから立ち去るまでのプロセスは、ほとんど無自覚なものかもしれない。逃げるという対処は、もし相手が本当に危険な人であった場合、適切なことである。様子がおかしいなど「不審者」というカテゴリーに対する知識がなければ、こうした行動をとることはできない。実際には、問題のある人物ではないのかもしれない。けれども、それを確認するために情報収集を続けようとして相手をじっと観察しているうちに、危険な目に遭う可能性がある。

もうひとつ、「思考のくせ」のよい点を挙げよう。自己に対する「ポジティブ・イリュージョン」(Taylor & Brown, 1988)を持つこと、つまり**自己を肯定的に見ることである。**

この「思考のくせ」の望ましい側面については、目標設定やそれに向けた努力という観点から説明をした（CHAPTER7）。

こうした見方が、「他者との関係性」において果たす役割についても述べておこう。**自己を肯定的に見ることは、心理的健康をもたらしたり、ポジティブ感情を通じて他者との結びつきを強めたりする。**とくにネガティブなフィードバックを受けたような状況、たとえば困難な経験をしたときでも、他者からサポートを受けてその困難に対処することが可能になる。

つまり、「ポジティブ・イリュージョン」はいろいろな問題を抱えながら生きるうえでは適切なものともいえるのだ。客観的な指標等に基づき、自己に対して正確な見方をしようとすることが、必ずしもわたしたちにとって「よい」わけではない。※4

「思考のくせ」のおかげで、わたしたちは状況や社会に適応しやすいこともある。この点を理解したうえで、次のCHAPTERでは「思考のくせ」にうまく向き合うことについて考えていこう。

＊4　本書では取り上げないが、自己高揚的な自己観には文化差があるという議論もある（Heine et al., 1999）。

CHAPTER
14
「思考のくせ」との向き合い方

「思考のくせ」を知っていることが大切な理由

CHAPTER1で紹介した「二重過程理論」のモデルを思い出してほしい。他者の印象に関する情報処理において「自動的過程」と「統制的過程」を統合するモデルであった。これらのモデルは、わたしたちが相手のカテゴリーに基づいてすばやく処理する方法と、よく考えることを動機づけられて入念に処理する方法を使い分けることを示している。

CHAPTER2でも、他者の行動から特性を推論する過程において「自動的過程」と

「統制的過程」を想定するモデルを紹介した。相手の行動がどういったものなのか、わたしたちはすばやくとらえる（自動的過程）。ただ、相手がどのようなひとなのか理解するためには、相手の行動が状況によるものなのかどうかが考慮される。そして行動の理由が状況にあると思われたら、最初の判断が修正されることもある（統制的過程）。

「統制的過程」において、このような状況の考慮や判断の修正が行われることを考えると、わたしたちは「よく考える」ことで、「バイアス」の影響を受けにくくなるといえる。ただし、この「よく考える」ことにはいくつかの条件が必要だ。

まず、自分の判断の過程に**「バイアス」の影響が生じていることを自覚**すること。自覚したうえで、わたしたちに**「バイアス」の影響を修正する動機づけがある**ことも必要である。「バイアス」の影響を修正するためには、**「バイアス」の影響の方向性や大きさについて自覚する**ことも重要だ。そのうえで、**判断を調整する能力があって、その能力が使われる**のなら「バイアス」の影響は小さくなる（Wilson & Brekke, 1994）。

なお、こうしたプロセスを働かせるためには、まず自分の「思考のくせ」をあらかじめ知っていることが大切だと思われる。もしよろしければ、ここでＣＨＡＰＴＥＲ１に戻っていただき、本書の冒頭の文章をもう一度読み返してほしい（ある社長の独白）。

すぐに、「あれか」と思われた方もいるだろうし、読み返して「これか」と思われた方もいるだろう。いずれの場合でも、おそらく文章を最初に目にしたときと同じ解釈はしなかったのではないだろうか。

それは、すでにみなさんが冒頭に描かれた状況を想像したことがあり、もしかするとそのときに自分の「思考のくせ」に気づかれたからである。どのような状況のときに、どのような「バイアス」の影響を受けやすいのか自分で知っておくことは、さきほど説明したような判断の調整に結びつきやすい。

この本の中で何度も取り上げた例であるが、「チームスポーツのリーダー」というカテゴリーに対して、自分が何らかのイメージをすでに持っているのであれば、それを認識しておこう。そして、もし自分が人事採用の担当者になったとき、面接に「チームスポーツのリーダー」の経験者が現われたとしたら、そのことを思い出してほしい。

そうすれば、イメージを確証するような質問だけではなく、反証するような質問も相手に投げかけることができるかもしれない。面接で確証情報に偏らないフラットな情報収集をするということだ。そうした質問への回答から、相手の新しい情報を手に入れられるし、それらの情報も考慮しながら人物の評価をすることが可能になる。

つまり重要なのは、**自分の「思考のくせ」を認識すること、それが判断にゆがみを生じさせそうな状況を想定しておくこと、また実際にそうした状況になったときにそれを思い出すこと**だといえよう。

「思考のくせ」は実際、どのくらい問題なのか

「他者」に対する思考のくせが実際にもたらすこと

「バイアス」の影響を小さくするために、わたしたちにとってどういったことが可能か述べた。そうはいっても、なかなか実践するのは難しいと思われたかもしれない。本書で紹介した社会心理学の実験では、「バイアス」の存在やその影響の大きさ、そして頑健さが示されている。

ただし、少し注意しなくてはいけないのは、これらの実験で用いられたターゲットの情報

やシナリオの状況が、日常生活において実際に出会う人や経験する状況の完全な再現ではないということだ。たとえば、実験の刺激として「バイアス」が生じやすいような手がかりが参加者に与えられていたのかもしれない。また、ターゲットに対してよく考える必要のない場面が取り上げられていたのかもしれない。

ここでは、こうした「バイアス」を生じさせるような直感的な方法が、どのくらい現実の社会において問題となるのかについてもう一度考えてみよう。

たとえば、さきほど例に挙げたように、通勤途中で遭遇した人物を直感的に「不審者」とみなすことは、もし相手が本当はそうでなかった場合でもそれほど問題ではない。結局、何も起こらなかったら、自分の判断を修正することができるし、その人に会うのが一度だけなら、そうした出来事はすぐに忘れられてしまうだろう。

では、相手との関係が継続するような場合はどうだろうか。新入社員が自分の部署に配属される予定だとしよう。

多くの場合、その人について人事からあらかじめ与えられる情報はそれほど詳細なものではない。そうした限られた情報の中から、配属先の上司は相手について予測し、部下とともにサポート体制を準備することになる。その際、たとえば学生時代に学んだ内容や行ってきた活動、場合によっては研修時の様子といった情報から、まずは相手を判断するしかない。配属後、もしかすると最初のうちは、直接本人から得られる情報も、そうした先入観に一致するように解釈してしまうかもしれない。

ただし、新しく部下となった相手をよく知ろうと話をし、様子を見ているうちに先入観に一致しない情報を得たのなら、不一致な情報だからといってそれを無視することはないだろう。教育係である社員からも話を聞くなどさらに情報を集めながら、それらの内容を考慮して相手を理解していこうとする。

実際に、わたしたちは他者と相互作用するうちに、「第一印象と違う」といった発見をすることがある。もしわたしたちの「確証バイアス」が頑健なものであるなら、こうした**印象の変化**は生じないはずである。

なお、わたしたちが理解しようとする相手は実際に変化していく。関係が続くなかでそうした変化をとらえれば、最初に会ったときとは**相手の印象も変わる**。

配属された新入社員に対して持つ印象は「初々しい」ということであったが、しばらく経つと「頼もしい」という印象を持つようになるかもしれない。

また、他者について認知する側も、さまざまな経験を通じて**情報の収集の仕方や解釈の方**

法を変化させるだろう。たとえば、他者がどのような人であるのか考えるとき、以前であれば自分の見方と異なる意見はあまり受け入れなかったが、いまはいろいろな立場の人の意見を聞くようになったかもしれない。

新入社員に対して、「積極的なのはよいが仕事は丁寧だろうか」と心配になったとしよう。そうしたとき、教育係の社員から「緻密な準備ができる」という評価が伝えられたら、その情報を取り入れるような例である。

また、他者がとる何らかの行動に対して、かつてと今では**違う見方をする**こともあるはずだ。以前なら「なれなれしい」と思った新入社員の態度も、「親しみやすい」と感じるようになっているかもしれない。

このように、認知される側も認知する側もお互いに変化するので、ある時点で相手の印象が多少のエラーをともなっていたとしても、それほど大きな問題は生じないだろう。実際、わたしたちは日々、多くの人と出会うなかで、そこそこうまく生活ができている。

「自分」に対する思考のくせが実際にもたらすこと

「自己」に関する「思考のくせ」に関しても考えてみよう。さきほど、わたしたちが「自己」を肯定的に見ることを述べた。ほかにも、わたしたちには、ほかの人から、自分の内面が実際以上に読まれているように思うという「くせ」がある（CHAPTER9）。すでに紹介した研究のように、本心を隠したいようなときには、この「思考のくせ」はわたしたちに当惑や羞恥などをもたらすかもしれない。

ただし、実際の生活において、わたしたちが自分の本心を他者に知られたくないと思う場面はどのくらいあるだろう。たしかに、相手を傷つけないように本当のことを言わないということもある。けれども、そうしたときよりも、**わたしたちは自分の考えていることや感じていることを、ほかの人にわかってもらいたいと思う**ことのほうが多いのではないだろうか。

たとえば、自分が何かに困っているときや、つらい気持ちでいるとき、周囲に気を遣わせないように表情や態度にそれを出さないようにしていたとしよう。それでも、誰かにわかってもらっていると思えたなら、わたしたちは相手と結びついているように感じる。

感情を共有されたと知覚することによるこうした結びつきは、今度はわたしたちを相手の感情を共有しようとすることへと向かわせるかもしれない。

「集団」における思考のくせが実際にもたらすこと

「集団間の関係」においてはどうだろうか。「集団」の印象を維持するための「思考のくせ」は、たしかにやっかいなものである。「自分たち」は温かく能力も高い集団であるが、ほかの集団は温かさと能力のどちらか一方が低いと思うことで、それらの集団に対する偏見も肯定されてしまう。また、「集団に対するステレオタイプ」も維持される（CHAPTER11）。ただし、**他者とのコミュニケーションのなかで、そうした「ステレオタイプ」も変わっていく可能性**がある。次のことを思い出してほしい。

人はコミュニケーションをする相手の態度に合わせて話す内容を調整し、また話した内容と一致する態度を持つ（CHAPTER6）。また、内集団のメンバーとのコミュニケーションにおいては、相手が自分と同じ「ステレオタイプ」を持っていないと思えば、「ステレオタイプ」に関連した言及は少なくなる（CHAPTER12）。

たとえば、あるカテゴリーに対して「ステレオタイプ」を持っている人がいるとしよう。その人が新しい集団に所属することになった。しばらくすると、その新しい集団ではそうした「信念」を持つ人がいないことに気づく。

すると、当該のカテゴリーについて集団内の人に話すときには、「ステレオタイプ」に関連したことを話さないし、むしろフラットな言い方をするようになる。そして「同じ集団のメンバー」と「共有されたリアリティ」を形成するようになり、本人の態度も変わっていく可能性があるのだ。

わたしたちが、ずっと単独の社会的集団に所属していることは現実の社会においてない。住む場所が変わったり、学校や働く場所が変わったりすることで、新しい集団に所属するようになるし、また同時にいくつもの集団に所属しながら生活する。そのため、ある集団においては「リアリティ」であったものも、ほかの集団の成員になるとそうではないことがある。こうした経験によって、**わたしたちの「信念」は変化しうる**のである。

また、何らかのカテゴリーに対して「ステレオタイプ」を持っている人が、生活のなかでそのカテゴリーの成員と同じ集団に所属することもある。たとえば、人種に対する「ステレオタイプ」を持つ人が、地域や学校、職場という社会的集団でそのカテゴリーのメンバーと相互作用し、同じ目標に向けて協働することもあるだろう。

こうした場合、実際の接触によって相手のカテゴリーに対する印象は変化するかもしれない。さらに、場合によっては組織の統合などによって、自分の集団と相手の集団がひとつの大きなカテゴリーの中に包含されることもある。すると、上位目標のもとで「わたしたち」と「あのひとたち」の区別や差異は希薄になっていくだろう。このように、**社会生活において集団の印象も変わりうる**のである。

わたしたちは閉じられた集団の中で生きているのではなく、集団間の移動を経験する。また集団のカテゴリー自体も変化していく。わたしたちの対人関係や集団間の関係は、今後さらに、固定化されたものから流動的なものになっていくだろう。

こうした社会環境の変化を、ほかの集団に対する印象が変わるチャンスとみなすことができるのかもしれない。そのとき、望ましい方向に変えていけるのか否かが、わたしたちに課されている。

「バイアス」に正しいも、正しくないもない

さて、最後にお伝えしたいことがある。わたしたちの「思考のくせ」から生じる現象を、本書では「バイアス」という言葉を用いて説明した。中には、研究者がそう呼んだので、その言葉のまま用いた場合もある。しかし、必ずしも「バイアス」という言い方ではなく「効果」などほかの呼び方がされている現象もある。この点はCHAPTER2でも記したが、再度ご確認いただきたい。

「バイアス」という言葉は何かしら否定的なイメージをともなうが、これまで見たようにこうした現象があるからといって、わたしたちにとって必ずしもネガティブな影響を及ぼすものではない。

もうひとつお伝えしておきたいことは、他者や自分、そして集団に対する印象には実際のところ「正しい」とか「正しくない」というものはないということだ。それらについての正確な答えはない。そのため、「思考のくせ」によって「印象がゆがむ」とか「判断がゆがむ」という表現も本当は適切ではない。

わたしたちが何を「正し」いと思うのか、その基準はさまざまである。たとえば、自分の周囲の人の信念と一致する内容であったから「正しい」と思うのかもしれない。自分が所属することになった集団において共有されたリアリティであるから「正しい」と思うこともあるだろう。また、そう対象を判断することで自分が生きやすく感じるので「正しい」と思うこともあるだろう。それが間違いであるということはできない。よって、「印象が正しいのか」と自問するのは意味がないことである。

わたしたちにできるのは、自分の行動を通じて自分が対象にどのような印象を持っているのかとらえ、どのようにそうした印象を持つに至ったのか振り返ることである。そして、その過程に、もしも本書で紹介したような「思考のくせ」を見つけたなら、自分が他者や自分、そして集団に対して持つ印象が、それで「よいのか」考えていくことであろう。

おわりに

社会心理学を学ぶまで、自分がわりと「ひとのことも自分のこともわかるほう」だと思っていた。しかし、いまはそう思っていない。

社会心理学を学んで、印象がつくられるときの「思考のくせ」を知り、「くせ」による判断を修正できることも知った。それゆえ本当は「少しわかるようになった」といいたいのだが、やはりそう思えない。

ただ、他者や自分、ほかの社会的カテゴリーの成員のふるまいに対して、自分がなぜよいと思ったりそう思えなかったりするのか、わかるようにはなった。すると、あまりよく思えなかった対象への見方が変わることがあった（いつもではないけれども）。

本書は、「社会的認知」、とくに「対人認知」という領域を扱っている。この内容を学ぶためのよいテキストはたくさんある。著者を指導してくださった先生方による専門書も多い。そのため、自分がこのテーマで本を書くことが、そうした先生方からどう見られるのか気になる（おそらくこれは、CHAPTER9で説明した「スポットライト効果」とも関連している）。

そうした心配もありながら、どうしてこの本の執筆をお受けしたのか。その理由はふたつある。

ひとつは、本書がビジネスパーソンに向けた本であることだ。社会科学領域の研究者にしては珍しく、企業で働いた経験を持つ自分なら、読者の方にとってわかりやすい例が挙げられるかも、と思った。

もうひとつは、自分が社会心理学の学びによって経験したことを、手にとってくださった方にも感じてほしいと思ったからである。あなたにとって、これまであまりよく思えていなかった対象への見方が、少しでも変わったら本当にうれしい。

ところで、本書では心理的メカニズムを説明する際の例として、しばしば上司と部下の間のコミュニケーションを取り上げた。これらの例が、著者の実体験と思われてしまうかもしれない。けれども決してそうではない。

幸いなことに、これまで素晴らしい上司に恵まれてきた。出版社勤務時の上司でありメンターでもあるTさん。社会人であった著者を大学院に受け入れ、ずっと指導してくださっている村田光二先生。ふたりのボスのおかげで、このような機会が与えられたと思っている。

なお、「はじめに」では選択肢に入れていなかったが、あなたがこの本を手にとってくださったのは、表紙のデザインに魅かれたからであったかもしれない。デザイナーの杉山健太郎さん、イラストレーターの山内庸資さんのおかげである。

日本実業出版社の川上聡さんには、大学広報の問い合わせ窓口を通じて連絡をもらった日から今日まで、書きたいことをかたちにする作業を助けていただいた。

これらの方々、そして本書を読んでくださったあなたに、こころから感謝いたします。

2021年10月

田中知恵

Echterhoff, G., & Higgins, E. T. (2018). Shared reality: Construct and mechanisms. *Current Opinion in Psychology*, 23, iv–vii.
Echterhoff, G., & Higgins, E. T. (2021). Shared reality: Motivated connection and motivated cognition. In P. A. M. Van Lange., E. T. Higgins., & A. W. Kruglanski. (Eds.) *Social psychology: Handbook of basic principles, 3rd ed.*, (pp.181-201). The Guilford Press. NewYork, NY.
Greijdanus, H., Postmes, T., Gordijn, E.H.,& van Zomeren, M. (2015). Steeling ourselves: Intragroup communication while anticipating intergroup contact evokes defensive intergroup perceptions. *PLoS One*, 10, e0131049.
Hardin, C. D., & Higgins, E. T. (1996). Shared reality: How social verification makes the subjective objective. In R. M. Sorrentino & E. T. Higgins (Eds.), *Handbook of motivation and cognition: The interpersonal context* (Vol.3. pp.28-84). New York, NY: The Guilford Press.
Haslam, S. A., Oakes, P. J., McGarty, C., Turner, J. C., Reynolds, K. J., & Eggins, R. A. (1996). Stereotyping and social influence: The mediation of stereotype applicability and sharedness by the views of in-group and out-group members. *British Journal of Social Psychology*, 35, 369–397.
Karasawa, M., Asai, N., & Tanabe, Y. (2007). Stereotypes as shared beliefs: Effects of group identity on dyadic conversations. *Group Processes & Intergroup Relations*, 10, 515–532.

PART 5　本当に「その印象」でよいのか

CHAPTER 13

Heine, S. J., Lehman, D. R., Markus, H. R., & Kitayama, S. (1999). Is there a universal need for positive self-regard? *Psychological Review*, 106, 766–794.
Taylor, S. E., & Brown, J. D. (1988). Illusion and well-being: A social psychological perspective on mental health. *Psychological Bulletin*, 103, 193–210.

CHAPTER 14

Wilson, T. D., & Brekke, N. (1994). Mental contamination and mental correction: Unwanted influences on judgments and evaluations. *Psychological Bulletin*, 116, 117–142.

competition. *Journal of Personality and Social Psychology*, 82, 878–902.

Fiske, S. T., & Neuberg, S. L. (1990). A continuum of impression formation, from category-based to individuating processes: Influences of information and motivation on attention and interpretation. In M. P. Zanna (Ed.), *Advances in Experimental Social Psychology* (Vol.23. pp.1-74). New York: Academic Press.

Gaertner, S. L., & Dovidio, J. F. (1986). The aversive form of racism. In J. F. Dovidio & S. L. Gaertner (Eds.), *Prejudice, discrimination, and racism* (pp. 61–89). Academic Press.

Glick, P., & Fiske, S. T. (1996). The Ambivalent Sexism Inventory: Differentiating hostile and benevolent sexism. *Journal of Personality and Social Psychology*, 70, 491–512.

Hamilton, D. L., Dugan, P. M., & Trolier, T. K. (1985). The formation of stereotypic beliefs: Further evidence for distinctiveness-based illusory correlations. *Journal of Personality and Social Psychology*, 48, 5–17.

Hamilton, D. L., & Gifford, R. K. (1976). Illusory correlation in interpersonal perception: A cognitive basis of stereotypic judgments. *Journal of Experimental Social Psychology*, 12, 392–407.

Jost, J. T., & Banaji, M. R. (1994). The role of stereotyping in system-justification and the production of false consciousness. *British Journal of Social Psychology*, 33, 1–27.

Jost, J. T., Burgess, D., & Mosso, C. O. (2001). Conflicts of legitimation among self, group, and system: The integrative potential of system justification theory. In J. T. Jost & B. Major (Eds.), T*he psychology of legitimacy: Emerging perspectives on ideology, justice, and intergroup relations* (pp. 363–388). Cambridge University Press.

Jost, J. T., Liviatan, I., van der Toorn, J., Ledgerwood, A., Mandisodza, A., & Nosek, B. A. (2012). System justification: A motivational process with implications for social conflict. In E, Kals., & J, Maes. (Eds.), *Justice and conflicts: Theoretical and empirical contributions* (pp. 315 – 327). Springer-Verlag Berlin Heidelberg.

Jost, J. T., Pelham, B. W., Sheldon, O., & Sullivan, B. N. (2003). Social inequality and the reduction of ideological dissonance on behalf of the system: *Evidence of enhanced system justification among the disadvantaged. European Journal of Social Psychology*, 33, 13–36.

Rosenberg, S., Nelson, C., & Vivekananthan, P. S. (1968). A multidimensional approach to the structure of personality impressions. *Journal of Personality and Social Psychology*, 9, 283–294.

Weber, R., & Crocker, J. (1983). Cognitive processes in the revision of stereotypic beliefs. *Journal of Personality and Social Psychology*, 45, 961–977.

CHAPTER 12

Clark, A. E., & Kashima, Y. (2007). Stereotypes help people connect with others in the community: A situated functional analysis of the stereotype consistency bias in communication. *Journal of Personality and Social Psychology*, 93, 1028–1039.

egocentric bias: Seeing oneself as cause and target of others' behavior. *Journal of Personality*, 51, 621–630.

CHAPTER 10

Baldwin, M. W., Carrell, S. E., & Lopez, D. F. (1990). Priming relationship schemas: My advisor and the Pope are watching me from the back of my mind. *Journal of Experimental Social Psychology*, 26, 435–454.

Greenwald, A. G., & Farnham, S. D. (2000). Using the Implicit Association Test to measure self-esteem and self-concept. *Journal of Personality and Social Psychology*, 79, 1022–1038.

Greenwald, A. G., McGhee, D. E., & Schwartz, J. L. K. (1998). Measuring individual differences in implicit cognition: The implicit association test. *Journal of Personality and Social Psychology*, 74, 1464–1480.

Hinkley, K., & Andersen, S. M. (1996). The working self-concept in transference: Significant-other activation and self change. *Journal of Personality and Social Psychology*, 71, 1279–1295.

Story, A. L. (1998). Self-esteem and memory for favorable and unfavorable personality feedback. *Personality and Social Psychology Bulletin*, 24, 51–64.

Wilson, T. D. (2009). Know thyself. *Perspectives on Psychological Science*, 4, 384–389.

Wilson, T. D., Dunn, D. S., Bybee, J. A., Hyman, D. B., & Rotondo, J. A. (1984). Effects of analyzing reasons on attitude–behavior consistency. *Journal of Personality and Social Psychology*, 47, 5–16.

Wilson, T. D., & LaFleur, S. J. (1995). Knowing what you'll do: Effects of analyzing reasons on self-prediction. *Journal of Personality and Social Psychology*, 68, 21–35.

Wilson, T. D., Lisle, D. J., Schooler, J. W., Hodges, S. D., Klaaren, K. J., & LaFleur, S. J. (1993). Introspecting about reasons can reduce post-choice satisfaction. *Personality and Social Psychology Bulletin*, 19, 331–339.

PART 4 「集団」の印象はどのようにつくられるのか

CHAPTER 11

Brewer, M. B. (1988). A dual process model of impression formation. In T. K. Srull & R. S. Wyer Jr. (Eds.), *Advances in Social Cognition*. (Vol.1. pp.1-36). Hilsdale, NJ: Erlbaum.

Cuddy, A. J. C., Fiske, S. T., & Glick, P. (2007). The BIAS map: Behaviors from intergroup affect and stereotypes. *Journal of Personality and Social Psychology*, 92, 631–648.

Fiske, S. T., Cuddy, A. J. C., Glick, P., & Xu, J. (2002). A model of (often mixed) stereotype content: Competence and warmth respectively follow from perceived status and

Berglas, S., & Jones, E. E. (1978). Drug choice as a self-handicapping strategy in response to noncontingent success. *Journal of Personality and Social Psychology*, 36, 405–417.

Jones, E. E., & Pittman, T S. (1982). Toward a general theory of strategic self-presentation. In J. Suls (Ed.), *Psychological perspectives of the self* (pp. 231-261). Hillsdale, NJ: Eribaum

Leary, M. R. (1995). *Self-presentation: Impression management and interpersonal behavior*. Brown & Benchmark Publishers.

McCrea, S. M. (2008). Self-handicapping, excuse making, and counterfactual thinking: Consequences for self-esteem and future motivation. *Journal of Personality and Social Psychology*, 95, 274–292.

Schlenker, B. R., & Leary, M. R. (1982). Audiences' reactions to self-enhancing, self-denigrating, and accurate self-presentations. *Journal of Experimental Social Psychology*, 18, 89 104.

Schneider, D. J. (1969). Tactical self-presentation after success and failure. *Journal of Personality and Social Psychology*, 13, 262–268.

Tice, D. M. (1992). Self-concept change and self-presentation: The looking glass self is also a magnifying glass. *Journal of Personality and Social Psychology*, 63, 435–451.

Tice, D. M., Butler, J. L., Muraven, M. B., & Stillwell, A. M. (1995). When modesty prevails: Differential favorability of self-presentation to friends and strangers. *Journal of Personality and Social Psychology*, 69, 1120–1138.

Tice, D. M., & Faber, J. (2001). Cognitive and motivational processes in self-presentation. In J. P. Forgas, K. D. Williams, & L. Wheeler (Eds.), *The social mind: Cognitive and motivational aspects of interpersonal behavior* (pp. 139–156). Cambridge University Press.

CHAPTER 9

Fenigstein, A. (1984). Self-consciousness and the overperception of self as a target. *Journal of Personality and Social Psychology*, 47, 860–870.

Gilovich, T., Kruger, J., & Medvec, V. H. (2002). The spotlight effect revisited: Overestimating the manifest variability of our actions and appearance. *Journal of Experimental Social Psychology*, 38, 93–99.

Gilovich, T., Medvec, V. H., & Savitsky, K. (2000). The spotlight effect in social judgment: An egocentric bias in estimates of the salience of one's own actions and appearance. *Journal of Personality and Social Psychology*, 78, 211–222.

Gilovich, T., Savitsky, K., & Medvec, V. H. (1998). The illusion of transparency: Biased assessments of others' ability to read one's emotional states. *Journal of Personality and Social Psychology*, 75, 332–346.

Vorauer, J. D., & Ross, M. (1999). Self-awareness and feeling transparent: Failing to suppress one's self. *Journal of Experimental Social Psychology*, 35, 415–440.

Zuckerman, M., Kernis, M. H., Guarnera, S. M., Murphy, J. F., & Rappoport, L. (1983). The subjective impressions and recall. *Journal of Personality and Social Psychology*, 43, 35–47.

Markus, H. (1977). Self-schemata and processing information about the self. *Journal of Personality and Social Psychology*, 35, 63–78.

Markus, H., & Kunda, Z. (1986). Stability and malleability of the self-concept. *Journal of Personality and Social Psychology*, 51, 858–866.

McFarland, C., & Alvaro, C. (2000). The impact of motivation on temporal comparisons: Coping with traumatic events by perceiving personal growth. *Journal of Personality and Social Psychology*, 79, 327–343.

Pleban, R., & Tesser, A. (1981). The effects of relevance and quality of another's performance on interpersonal closeness. *Social Psychology Quarterly*, 44, 278–285.

Sedikides, C., & Strube, M. J. (1997). Self evaluation: To thine own self be good, to thine own self be sure, to thine own self be true, and to thine own self be better. In M. P. Zanna (Ed.), *Advances in experimental social psychology* (Vol. 29, pp. 209–269). Academic Press.

Spencer, S. J., Fein, S., & Lomore, C. D. (2001). Maintaining one's self-image vis-à-vis others: The role of self-affirmation in the social evaluation of the self. *Motivation and Emotion*, 25, 41–65.

Steele, C.M. (1988). The psychology of self-affirmation: Sustaining the integrity of the self. In L.Berkowiz (Ed.), *Advances in experimental social psycology*(Vol. 21. pp.261-302).New York: Academic Press.

Story, A. L. (1998). Self-esteem and memory for favorable and unfavorable personality feedback. *Personality and Social Psychology Bulletin*, 24, 51–64.

Taylor, S. E., & Brown, J. D. (1988). Illusion and well-being: A social psychological perspective on mental health. *Psychological Bulletin*, 103, 193–210.

Tesser, A. (1988). Toward a self-evaluation maintenance model of social behavior. In L. Berkowitz (Ed.), *Advances in experimental social psychology* (Vol. 21, pp.181–227). Academic Press.

Tesser, A., Campbell, J., & Smith, M. (1984). Friendship choice and performance: Self-evaluation maintenance in children. *Journal of Personality and Social Psychology*, 46, 561–574.

Trope, Y., & Ben-Yair, E. (1982). Task construction and persistence as means for self-assessment of abilities. *Journal of Personality and Social Psychology*, 42, 637–645.

CHAPTER 8

Baumeister, R. F. (1982). A self-presentational view of social phenomena. *Psychological Bulletin*, 91, 3–26.

Baumeister, R. F., & Jones, E. E. (1978). When self-presentation is constrained by the target's knowledge: Consistency and compensation. *Journal of Personality and Social Psychology*, 36, 608–618.

CHAPTER 6

Clark, H. H., Schreuder, R., & Buttrick, S. (1983). Common ground and the understanding of demonstrative reference. *Journal of Verbal Learning & Verbal Behavior*, 22, 245–258.

Echterhoff, G., & Higgins, E. T. (2018). Shared reality: Construct and mechanisms. *Current Opinion in Psychology*, 23, iv–vii.

Hardin, C. D., & Higgins, E. T. (1996). Shared reality: How social verification makes the subjective objective. In R. M. Sorrentino & E. T. Higgins (Eds.), *Handbook of motivation and cognition: The interpersonal context* (Vol.3. pp.28-84). New York, NY: The Guilford Press.

Higgins, E. T. (2018). *Sheard reality: What makes us strong and tears us apart.* Oxford University Press.

Higgins, E. T., & Rholes, W. S. (1978). "Saying is believing": Effects of message modification on memory and liking for the person described. *Journal of Experimental Social Psychology*, 14, 363–378.

Maass, A., Milesi, A., Zabbini, S., & Stahlberg, D. (1995). Linguistic intergroup bias: Differential expectancies or in-group protection? *Journal of Personality and Social Psychology*, 68, 116–126.

Semin, G. R., & Fiedler, K. (1988). The cognitive functions of linguistic categories in describing persons: Social cognition and language. *Journal of Personality and Social Psychology*, 54, 558–568.

Wigboldus, D. H. J., Semin, G. R., & Spears, R. (2000). How do we communicate stereotypes? Linguistic bases and inferential consequences. *Journal of Personality and Social Psychology*, 78, 5–18.

Wigboldus, D. H. J., Semin, G. R., & Spears, R. (2006). Communicating expectancies about others. *European Journal of Social Psychology*, 36, 815-824.

PART3 「自分」の印象はどのようにつくられるのか

CHAPTER 7

Cialdini, R. B., Borden, R. J., Thorne, A., Walker, M. R., Freeman, S., & Sloan, L. R. (1976). Basking in reflected glory: Three (football) field studies. *Journal of Personality and Social Psychology*, 34, 366–375.

Fong, G. T., & Markus, H. (1982). Self-schemas and judgments about others. *Social Cognition*, 1, 191–204.

Gervey, B., Igou, E. R., & Trope, Y. (2005). Positive mood and future-oriented self-evaluation. *Motivation and Emotion*, 29, 269–296.

Green, J. D., & Sedikides, C. (2001). When do self-schemas shape social perception?: The role of descriptive ambiguity. *Motivation and Emotion*, 25, 67–83.

Higgins, E. T., King, G. A., & Mavin, G. H. (1982). Individual construct accessibility and

Psychology, 13, 279–301.
Tversky, A., & Kahneman, D. (1974). Judgment under uncertainty: Heuristics and biases. *Science*, 185, 1124–1131.

CHAPTER 5

Bornstein, R. F., & D'Agostino, P. R. (1992). Stimulus recognition and the mere exposure effect. *Journal of Personality and Social Psychology*, 63, 545–552.
Byrne, D., & Nelson, D. (1965). Attraction as a linear function of proportion of positive reinforcements. *Journal of Personality and Social Psychology*, 1, 659–663.
Dion, K., Berscheid, E., & Walster, E. (1972). What is beautiful is good. *Journal of Personality and Social Psychology*, 24, 285–290.
Dryer, D. C., & Horowitz, L. M. (1997). When do opposites attract? Interpersonal complementarity versus similarity. *Journal of Personality and Social Psychology*, 72, 592–603.
Eagly, A. H., Ashmore, R. D., Makhijani, M. G., & Longo, L. C. (1991). What is beautiful is good, but…: A meta-analytic review of research on the physical attractiveness stereotype. *Psychological Bulletin*, 110, 109–128.
Langlois, J. H., Kalakanis, L., Rubenstein, A. J., Larson, A., Hallam, M., & Smoot, M. (2000). Maxims or myths of beauty? A meta-analytic and theoretical review. *Psychological Bulletin*, 126, 390–423.
Montoya, R. M., Horton, R. S., & Kirchner, J. (2008). Is actual similarity necessary for attraction? A meta-analysis of actual and perceived similarity. *Journal of Social and Personal Relationships*, 25, 889–922.
Moreland, R. L., & Beach, S. R. (1992). Exposure effects in the classroom: The development of affinity among students. *Journal of Experimental Social Psychology*, 28, 255–276.
Segal, M. W. (1974). Alphabet and attraction: An unobtrusive measure of the effect of propinquity in a field setting. *Journal of Personality and Social Psychology*, 30, 654–657.
Thorndike, E.L. (1920). A constant error in psychological ratings. *Journal of Applied Psychology*, 4, 25–29.
Walster, E., Aronson, V., Abrahams, D., & Rottman, L. (1966). Importance of physical attractiveness in dating behavior. *Journal of Personality and Social Psychology*, 4, 508–516.
Winch, R. F., Ktsanes, T., & Ktsanes, V. (1954). The theory of complementary needs in mate selection: An analytic and descriptive study. *American Sociological Review*, 19, 241–249.
Zajonc, R. B. (1968). Attitudinal effects of mere exposure. *Journal of Personality and Social Psychology*, 9, 1–27.

selfcategorization theory (pp. 68–88). Oxford: Blackwell.
Trope, Y. (1986). Identification and inferential processes in dispositional attribution. *Psychological Review*, 93, 239–257.
Tversky, A., & Kahneman, D. (1974). Judgment under uncertainty: Heuristics and biases. *Science*, 185, 1124–1131.

PART 2 「他者」の印象はどのようにつくられるのか

CHAPTER 3

Costabile, K. A., & Madon, S. (2019). Downstream effects of dispositional inferences on confirmation biases. *Personality and Social Psychology Bulletin*, 45, 557-570.
Kulik, J. A. (1983). Confirmatory attribution and the perpetuation of social beliefs. *Journal of Personality and Social Psychology*, 44, 1171–1181.
Lenton, A. P., Blair, I. V., & Hastie, R. (2001). Illusions of gender: Stereotypes evoke false memories. *Journal of Experimental Social Psychology*, 37, 3–14.
Nickerson, R. S. (1998). Confirmation bias: A ubiquitous phenomenon in many guises. *Review of General Psychology*, 2, 175–220.
Snyder, M., & Uranowitz, S. W. (1978). Reconstructing the past: Some cognitive consequences of person perception. *Journal of Personality and Social Psychology*, 36, 941–950.
Trope, Y., & Thompson, E. P. (1997). Looking for truth in all the wrong places? Asymmetric search of individuating information about stereotyped group members. *Journal of Personality and Social Psychology*, 73, 229–241.

CHAPTER 4

Ames, D. R. (2004). Inside the mind reader's tool kit: Projection and stereotyping in mental state inference. *Journal of Personality and Social Psychology*, 87, 340–353.
Epley, N., Keysar, B., Van Boven, L., & Gilovich, T. (2004). Perspective taking as egocentric anchoring and adjustment. *Journal of Personality and Social Psychology*, 87, 327–339.
Gilbert, D. T., Pelham, B. W., & Krull, D. S. (1988). On cognitive busyness: When person perceivers meet persons perceived. *Journal of Personality and Social Psychology*, 54, 733-740.
Krueger, J., & Clement, R. W. (1994). The truly false consensus effect: An ineradicable and egocentric bias in social perception. *Journal of Personality and Social Psychology*, 67, 596–610.
Ross, L., Greene, D., & House, P. (1977). The false consensus effect: An egocentric bias in social perception and attribution processes. *Journal of Experimental Social*

Fischhoff, B., & Beyth, R. (1975). "I knew it would happen": Remembered probabilities of once-future things. *Organizational Behavior & Human Performance*, 13, 1–16.

Forgas, J. P. (1998). On being happy and mistaken: Mood effects on the fundamental attribution error. *Journal of Personality and Social Psychology*, 75, 318–331.

Gilbert, D. T., Pelham, B. W., & Krull, D. S. (1988). On cognitive busyness: When person perceivers meet persons perceived. *Journal of Personality and Social Psychology*, 54, 733–740.

Heider, F. (1958). *The psychology of interpersonal relations*. New York: John Wiley & Sons Inc.

Jones, E.E., & Davis, K.E. (1965). From acts to dispositions: The attribution. process in person perception. In L. Berkowitz (Ed.), *Advances in experimental social psychology* (Vol. 2. pp. 220–265). New York: Academic Press.

Jones, E. E., & Nisbett, R. E. (1987). The actor and the observer: Divergent perceptions of the causes of behavior. In E. E. Jones, D. E. Kanouse, H. H. Kelley, R. E. Nisbett, S. Valins, & B. Weiner (Eds.), *Attribution: Perceiving the causes of behavior* (pp. 79–94). Hillsdale, London: Lawrence Erlbaum Associates, Inc.

Kahneman, D., & Tversky, A. (1979). Prospect theory: An analysis of decision under risk. *Econometrica*, 47, 263–291.

Kunda, Z. (1987). Motivated inference: Self-serving generation and evaluation of causal theories. *Journal of Personality and Social Psychology*, 53, 636–647.

Malle, B. F. (2006). The actor-observer asymmetry in attribution: A (surprising) meta-analysis. *Psychological Bulletin*, 132, 895–919.

Marques, J. M., Yzerbyt, V. Y., & Leyens, J. P. (1988). The "Black Sheep Effect": Extremity of judgments towards ingroup members as a function of group identification. *European Journal of Social Psychology*, 18, 1–16.

Miller, D. T., & Ross, M. (1975). Self-serving biases in the attribution of causality: Fact or fiction? *Psychological Bulletin*, 82, 213–225.

Pronin, E., Lin, D. Y., & Ross, L. (2002). The bias blind spot: Perceptions of bias in self versus others. *Personality and Social Psychology Bulletin*, 28, 369–381.

Quattrone, G. A., & Jones, E. E. (1980). The perception of variability within in-groups and out-groups: Implications for the law of small numbers. *Journal of Personality and Social Psychology*, 38, 141–152.

Ross, M., & Sicoly, F. (1979). Egocentric biases in availability and attribution. *Journal of Personality and Social Psychology*, 37, 322–336.

Tajfel, H., Billig, M. G., Bundy, R. P., & Flament, C. (1971). Social categorization and intergroup behaviour. *European Journal of Social Psychology,* 1, 149–178.

Tajfel, H. & Turner, J. C. (1979) An integrative theory of intergroup conflict. In W. G. Austin & S. Worchel (Eds.), *The social psychology of intergroup relations*. (pp. 33–47). Monterey, CA: Brooks/Cole.

Taylor, S. E., & Brown, J. D. (1988). Illusion and well-being: A social psychological perspective on mental health. *Psychological Bulletin*, 103, 193–210.

Turner, J.C. (1987). The analysis of social influence. In J.C. Turner, M.A. Hogg, P.J. Oakes, S.D. Riecher & M.S. Wetherell (Eds.), *Rediscovering the social group: A*

参考文献

PART 1　人はこうして判断している

CHAPTER 1

Bargh, J. A. (1989). Conditional automaticity varieties of automatic influence in social perception and cognition. In J. S. Uleman & J. A. Bargh (Eds.), *Handbook of motivation and cognition: Foundations of social behavior* (Vol.2. pp.93–130). New York: Guilford Press.

Bransford, J. D., & Johnson, M. K. (1972). Contextual prerequisites for understanding: Some investigations of comprehension and recall. *Journal of Verbal Learning and Verbal Behavior*, 11, 717–726.

Brewer, M. B. (1988). A dual process model of impression formation. In T. K. Srull & R. S. Wyer Jr. (Eds.), *Advances in Social Cognition* (Vol.1. pp.1–36). Hilsdale, NJ: Erlbaum.

Ekman, P. (1992). An argument for basic emotions. *Cognition and Emotion*, 6, 169–200.

Fiske, S. T., & Neuberg, S. L. (1990). A continuum of impression formation, from category-based to individuating processes: Influences of information and motivation on attention and interpretation. In M. P. Zanna (Ed.), *Advances in Experimental Social Psychology* (Vol.23. pp.1–74). New York: Academic Press.

Fiske, S. T., & Taylor, S. E. (1991). Social categories and schemas. In S. T. Fiske & S. E. Taylor (Eds.), *Social Cognition* (2nd ed., pp.96–141). New York: McGraw-Hill.

Kahneman, D. (2011). Thinking, fast and slow. Allen Lane.

Kruglanski, A. W., & Thompson, E. P. (1999). Persuasion by a single route: A view from the unimodel. *Psychological Inquiry*, 10, 83–109.

Stanovich, K. E. & West, R. F. (2000). Individual differences in reasoning: Implications for the rationality debate? *Bahavioral and Brain Science*, 23, 645–665.

CHAPTER 2

Buehler, R., Griffin, D., & Ross, M. (1994). Exploring the "planning fallacy": Why people underestimate their task completion times. *Journal of Personality and Social Psychology*, 67, 366–381.

Christensen-Szalanski, J. J., & Willham, C. F. (1991). The hindsight bias: A meta-analysis. *Organizational Behavior and Human Decision Processes*, 48, 147–168.

Fein, S., Hilton, J. L., & Miller, D. T. (1990). Suspicion of ulterior motivation and the correspondence bias. *Journal of Personality and Social Psychology*, 58, 753–764.

ふ

ほ

り

れ

索引

田中知恵（たなか　ともえ）

明治学院大学心理学部教授。博士（社会学）一橋大学。早稲田大学第一文学部哲学科心理学専修卒業後、出版社勤務を経て、一橋大学大学院社会学研究科修士課程修了、博士後期課程単位取得退学。2016年より現職。専門は社会心理学、社会的認知。主な著書に『消費者行動の心理学：消費者と企業のよりよい関係性』『社会心理学：過去から未来へ』『社会と感情』（いずれも共著、北大路書房）、『消費者心理学』（共著、勁草書房）などがある。

「印象《いんしょう》」の心理学《しんりがく》

2021年12月１日　初版発行

著　者　田中知恵 ©T.Tanaka 2021
発行者　杉本淳一

発行所　株式会社 日本実業出版社　東京都新宿区市谷本村町３−29 〒162-0845
編集部　☎03-3268-5651
営業部　☎03-3268-5161　振　替　00170−1−25349
https://www.njg.co.jp/

印 刷／三省堂印刷　　製 本／共 栄 社

ISBN 978-4-534-05889-8　Printed in JAPAN